essentials

essentials liefern aktuelles Wissen in konzentrierter Form. Die Essenz dessen, worauf es als „State-of-the-Art" in der gegenwärtigen Fachdiskussion oder in der Praxis ankommt. *essentials* informieren schnell, unkompliziert und verständlich

* als Einführung in ein aktuelles Thema aus Ihrem Fachgebiet
* als Einstieg in ein für Sie noch unbekanntes Themenfeld
* als Einblick, um zum Thema mitreden zu können

Die Bücher in elektronischer und gedruckter Form bringen das Expertenwissen von Springer-Fachautoren kompakt zur Darstellung. Sie sind besonders für die Nutzung als eBook auf Tablet-PCs, eBook-Readern und Smartphones geeignet. *essentials:* Wissensbausteine aus den Wirtschafts, Sozial- und Geisteswissenschaften, aus Technik und Naturwissenschaften sowie aus Medizin, Psychologie und Gesundheitsberufen. Von renommierten Autoren aller Springer-Verlagsmarken.

Weitere Bände in der Reihe http://www.springer.com/series/13088

Holger Biernat

Individuelle Datenverarbeitung in Zeiten von Banking 4.0

Regulatorische Anforderungen, Aktueller Stand, Umsetzung der Vorgaben

Springer Gabler

Holger Biernat
Barrus Consulting GmbH
Frankfurt am Main, Deutschland

ISSN 2197-6708   ISSN 2197-6716   (electronic)
essentials
ISBN 978-3-658-25695-1   ISBN 978-3-658-25696-8   (eBook)
https://doi.org/10.1007/978-3-658-25696-8

Die Deutsche Nationalbibliothek verzeichnet diese Publikation in der Deutschen Nationalbibliografie; detaillierte bibliografische Daten sind im Internet über http://dnb.d-nb.de abrufbar.

Springer Gabler ist ein Imprint der eingetragenen Gesellschaft Springer Fachmedien Wiesbaden GmbH und ist ein Teil von Springer Nature
Die Anschrift der Gesellschaft ist: Abraham-Lincoln-Str. 46, 65189 Wiesbaden, Germany

Was Sie in diesem *essential* finden können

- Eine Definition des Begriffes IDV
- Die regulatorischen Vorgaben nach MaRisk, BAIT, aber auch andere Vorgaben, die in direktem oder indirektem Zusammenhang mit IDV bestehen
- Gründe, Beispiele für IDV, aber auch deren Risiken
- Ziele beim Umgang mit IDV und das Vorgehen zum Erreichen der Vorgaben

Vorwort

An sämtlichen Wirtschaftsprozessen sind Daten beteiligt. Bargeld, Wertpapiere, Commodities wie Gold, Öl oder andere Waren, aber auch Derivative können immer seltener tatsächlich ausgetauscht werden. Es wird lediglich das Recht an ihnen übertragen, das heißt: Es werden Daten über den Umsatz ausgetauscht. Die technischen Möglichkeiten wie auch die Anforderungen gehen allerdings erheblich weiter. Banking hat ein neues Level erreicht – man spricht von Banking 4.0. Auch die Wünsche der Kunden haben sich gewandelt. Nicht mehr die Präsenz vor Ort ist der ausschlaggebende Faktor für Kundenbindung, sondern die Möglichkeiten, über das Internet zu kommunizieren und Nachrichten und Aufträge nicht nur 24/7/365 abzugeben, sondern sie auch innerhalb von Sekunden sicher abgewickelt zu wissen.

Banken wie auch andere Finanzinstitute befinden sich dadurch in einem Zwiespalt: Einerseits müssten sie Geld und Ressourcen aufwenden, um für ihre Kunden einen besseren Service anzubieten. Und sie müssen dabei innovativ sein, wenn sie sich von den Mitbewerbern absetzen wollten. Andererseits sind die regulatorischen Anforderungen gestiegen. Die Handlungsmöglichkeiten der Banken wurden durch striktere Vorgaben in Bezug auf Liquiditäts- und Kapitalpuffer, Offenlegungspflichten und andere Maßnahmen zur Risikobegrenzung in ihren Möglichkeiten eingeschränkt. Das Bankwesen könnte in diesem Zuge zwar sicherer geworden sein, was die Wahrscheinlichkeit der Insolvenz einer Bank mindern würde, allerdings sind damit auch ihre finanziellen Mittel eingeschränkt worden. Banken verdienen insbesondere im europäischen Wirtschaftsraum weniger Geld, und zwar wegen der Begrenzung beim Eingehen von lukrativen Geschäften.

Fehlende Ressourcen bei gleichzeitig geforderter Schnelligkeit sind ein wichtiger Grund für das Entstehen von IDV, der individuellen Datenverarbeitung bei den Banken. Wo standardisierte technische Lösungen nicht zur Verfügung stehen, müssen Workarounds geschaffen werden, damit erstellen die Fachabteilungen ihre Lösungen in Form von Software selbst, ohne den Prozess einer Softwareeinführung zu durchlaufen.

Die Institute legen alljährlich in ihren Strategien ihr Vorgehen bei der Datenverarbeitung fest und sie stellen die notwendigen finanziellen Mittel und andere Ressourcen bereit. Aufgrund des erhöhten Aufwands, den die Regulatorik fordert, ist der Weg aus der IDV hin zu einer Standardsoftware oft der einfachere Weg, als den notwendigen und von der Regulatorik geforderten Aufwand zu betreiben.

Das vorliegende Buch wirbt letztendlich für einen geordneten Weg weg von der IDV, aber auch um das Verständnis für das Existieren von IDV in den Instituten.

Bad Homburg v.d.H.   Holger Biernat
im September 2018

Inhaltsverzeichnis

1 Definition von individueller Datenverarbeitung (IDV) 1
  1.1 Softwarenutzung in den Instituten 2
  1.2 Abgrenzung zu anderen Formen einer Datenverarbeitung 3

2 Regulatorische Anforderungen 7
  2.1 Vorgaben der Deutschen Bundesbank 7
  2.2 Vorgaben nach MaRisk zu IDV 8
  2.3 Weiterreichende Vorgaben nach BAIT in Bezug auf IDV 8
  2.4 Andere Vorgaben 10

**3 Aktuelle Situation der IT und der IDV bei
den Banken in Deutschland** 13
  3.1 Auswahl von Gründen, warum IDV entwickelt wurde 14
  3.2 Beispiele für IDV in den Banken 16
  3.3 Die Problematik der IDV 18
  3.4 Mögliche Folgen bei Störungen der genutzten IDV 19
  3.5 Neue Herausforderungen für die Banken 20

4 Strategisches Herangehen durch die Institute 23

**5 Vorgehen zur Umsetzung der regulatorischen
Vorgaben und der eigenen Strategie** 27
  5.1 Analyse des Ist-Zustandes 27
  5.2 Umsetzung der Strategie, des Soll-Zustandes 31
  5.3 Umsetzung der regulatorischen Anforderungen,
      des Muss-Zustandes 33

5.4 Probleme und Mängel bei der Umsetzung in der Praxis 35
5.5 Methoden für einen Weg aus der IDV 38

6 Zusammenfassung, Fazit, Ausblick 41

Literatur 45

Definition von individueller Datenverarbeitung (IDV) 1

Die deutsche Aufsicht verwendet den Begriff der IDV in den MaRisk (Bundesanstalt 09/2017) für „von den Fachbereichen selbst entwickelte Anwendungen".

In den BAIT (Bundesanstalt 10/2017) findet sich für die IDV eine praktisch wortgleiche Definition in Tz. 36 und im Kommentar zu Tz. 43. Allerdings mit einem kleinen Unterschied, denn es wird von Anwendungen gesprochen, die Endbenutzer in den Fachbereichen entwickelt haben. Somit ist nicht jede Entwicklung, die die Bank vornimmt, auch automatisch eine IDV. Dies gilt nur dann, wenn sie nicht in der Anwendungsentwicklung der Bank entwickelt wird. Die BAIT fordern in Kap. 6 „IT-Projekte, Anwendungsentwicklung (inkl. durch Endbenutzer in den Fachbereichen)" für die Anwendungsentwicklung und eben auch für die IDV Prozesse und Dokumentationen.

Eine andere Definition schlägt Kozlova (2011, S. 1) vor:

> Unter IDV versteht man im Allgemeinen die Entwicklung und Pflege von aufgabenspezifischen Anwendungen mithilfe von Endbenutzerwerkzeugen durch Anwender direkt am Arbeitsplatz am Computer. Es handelt sich um die Anwendungen, die direkt in Fachabteilungen von Unternehmen von Benutzern entwickelt und anschließend mit unterschiedlicher organisatorischer Reichweite eingesetzt werden. Man spricht in diesem Zusammenhang von sogenannten IDV-Anwendungen.

IDV findet also außerhalb der geordneten Prozesse der IT in den einzelnen Fachabteilungen statt. Dort werden Daten und Informationen nicht nur bearbeitet, sondern quasi im Schatten der IT (engl. SIT Shadow-IT) auch fremde Hardware benutzt und eigene Programme geschrieben. Die Abgrenzung und die verschiedenen Wirkungsbereiche lassen sich wie in Abb. 1.1 systematisieren.

© Springer Fachmedien Wiesbaden GmbH, ein Teil von Springer Nature 2019

H. Biernat, *Individuelle Datenverarbeitung in Zeiten von Banking 4.0,* essentials, https://doi.org/10.1007/978-3-658-25696-8_1

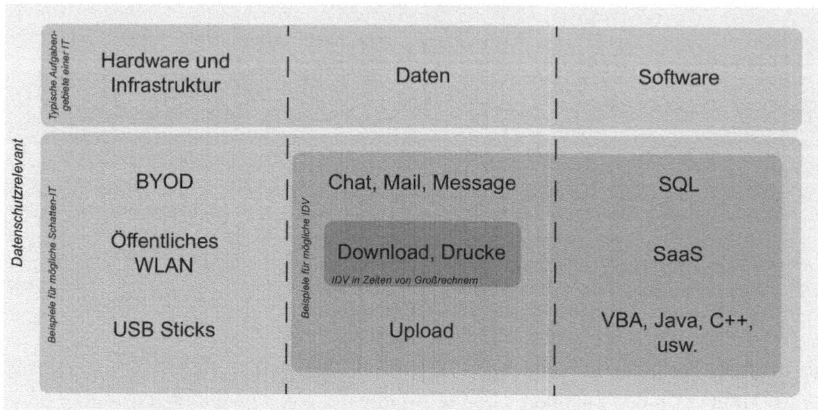

Abb. 1.1 Begriffsabgrenzung IDV

1.1   Softwarenutzung in den Instituten

Idealerweise werden alle Softwareeinführungen durch die IT einer Unternehmung aus technischer Sicht begleitet und damit die Fachabteilungen unterstützt. Zu den Aufgabenbereichen eines IT-Bereiches gehören:

- die Hardware und Infrastruktur
- die Daten selbst, aber auch
- die Software, die sie verarbeitet.

Davon grenzen sich Maßnahmen anderer Bereiche des Unternehmens ab, die eben nicht der IT angehören, sondern sich in ihren Aufgaben auf fachliche Themen beziehen. Diese können Hardware selbstständig verwenden (mittels Kopien von Daten auf USB-Sticks und dgl.), öffentliche WLAN-Netze nutzen, statt des betriebseigenen LAN der WLAN, sie können aber auch eigene Geräte (bring your own device; BYOD) nutzen, um auf Daten des Unternehmens zuzugreifen. Das sind in der Regel Geräte, die nicht von der IT gestellt oder gewartet werden.

Im Bereich der Daten gibt es die Möglichkeit für andere Bereiche des Unternehmens im Rahmen von Chat, Mail oder Message Daten zu verwenden oder anderen Verfahren zum Austausch von Nachrichten oder Dateien, die auch mittels Upload Daten übertragen werden können, zu nutzen. Eine Datenverarbeitung mittels Downloads oder Ausdruck ist ebenso möglich, was bedeutet, dass Daten für verschiedene Zwecke außerhalb der dafür eigentlich vorgesehenen Systeme verarbeitet werden können.

Das Wissen um Software und Programmierung ist seit den Zeiten der Großrechner weit verbreitet, was heißt, dass auch Mitarbeiter aus IT-fernen Abteilungen durchaus in der Lage sind, Software zu erstellen, da sie Programmiersprachen verstehen und nutzen können und außerdem dazu die Möglichkeit haben. Verbreitet sind SQL als Abfragesprache für Datenbanken, VBA als Tool innerhalb der Tabellenkalkulation Excel und Access des Markführers Microsoft wie auch andere Programmiersprachen wie C++ oder JAVA.

Eine andere Variante der Softwarenutzung ist die Nutzung von Software as a Service (SaaS), bei der Software nicht mehr gekauft wird, sondern über das Internet genutzt wird. So lassen sich Daten vom eigenen Rechner in Anwendungen im Internet laden, sie werden dort verarbeitet und das Ergebnis wieder zurückgeliefert. Da ein derartiges Vorgehen durch Internet-Nutzer von ihrem Arbeitsplatz aus betrieben werden kann, entzieht sich diese Möglichkeit völlig der Überwachung durch die IT des Unternehmens.

1.2 Abgrenzung zu anderen Formen einer Datenverarbeitung

Software, die von der IT zur Verwendung durch die Nutzer angeschafft oder durch die Anwendungsprogrammierung des Unternehmens bereitgestellt wird, ist aus Sicht der Nutzer eine *Standardsoftware*. Diese soll helfen, die fachlichen Aufgaben am Arbeitsplatz zu lösen oder sie unterstützen. Sie bildet den Standard, der genutzt werden soll. Software, die ein Institut selbst entwickelt hat, ist allerdings keine echte Standardsoftware, denn sie wird nur durch ein Unternehmen entwickelt. Standardsoftware im eigentlichen Sinne ist Software, die von einer Vielzahl von Nutzern verwendet wird. So kann ein Betriebssystem der Firma Microsoft eine Standardsoftware sein, wie auch das im Office-Paket mitgelieferte VBA ein Standard ist. Allerdings sind die damit entwickelten Programme in der Regel keine Standardsoftware, da es sich im Regelfall um individuelle Software handelt, die durch den Nutzer erstellt wird.

Nicht jede Software, die gekauft wird, bleibt bei der täglichen Nutzung weiterhin eine Standardsoftware. So müssen nicht nur verschiedene Parameter angepasst werden, sondern auch die Schnittstellen müssen erstellt werden. Dabei handelt es sich im Regelfall nicht mehr um eine standardisierte Herangehensweise, sondern um eine individuelle Umsetzung. Wird dieses sog. Customizing durch Dritte vorgenommen, so handelt es sich letztendlich nicht mehr um diejenige Software, die alle Käufer verwenden. Bei dem Customizing, dem Konfektionieren für das Institut, handelt es sich bereits dann um IDV, wenn sie über eine einfache menügesteuerte Parametrisierung hinausgeht, die durch das Institut selbst vorgenommen werden kann.

Da an dieser Stelle bereits die Grenze zwischen Standardsoftware und individueller Datenverarbeitung beginnt, gehören alle Excel-Anwendungen, SQL-Abfragen u. ä. sowie auch alle kompilierten Programme in den Bereich der individuellen Datenverarbeitung. Kompilierte Befehlsfolgen, die in mit einem Hilfsprogramm in Maschinensprache übersetzt werden und damit zu einem ausführbaren Programm werden, sind in jedem Fall IDV, wenn sie durch die Fachabteilung erstellt werden.

Neben der individuellen Datenverarbeitung durch autorisierte interne Kräfte (IT, Audit, Risiko, Fachbereiche, Reporting-Abteilungen usw.) gibt es auch externe Stellen, die dazu autorisiert sind (Wirtschaftsprüfer, Steuerprüfer, Penetration-Tester usw.). Wirtschaftsprüfer und Steuerprüfer kommen dabei rechtlichen Anforderungen nach, Penetration-Tester sind IT-Firmen, die im Auftrag des Instituts das Netzwerk auf Schwächen bei Angriffen aus dem Internet testen.

Daneben gibt es unautorisierte Zugriffe durch Unberechtigte. Interne Kräfte, die auf Daten zugreifen, für die sie keine Berechtigung besitzen, verwenden ebenso wie andere Personen – beispielsweise Hacker – standardisierte oder individuelle Software, die mangels Autorisierung durch das Institut keine IDV, sondern Schadsoftware im weiteren Sinne ist.

IDV kann in der engeren Auslegung einerseits Software sein, die als kompiliertes, ausführbares Programm genutzt wird, aber auch alle anderen auf Programmiersprachen basierenden Handlungsanweisungen, seien sie nun eher maschinennah oder objektbasiert, können gemeint sein. Außerdem sind nicht kompilierte Handlungsanweisungen wie SQL oder Sortier- und Filteranwendungen in Tabellenkalkulationen und Datenbanken oder andere menübasierte Verarbeitungsprogramme hierunter gefasst.

IDV kann die Bearbeitung von allgemein zugänglichen Daten, Geschäftsdaten des Instituts sowie auch dessen Risikodaten betreffen. Sie kann das Ansehen, Ändern, Eingeben bzw. Erzeugen, Löschen wie auch das Verbinden von Daten betreffen. Dazu können sowohl institutseigene Hard- und Software als auch fremde, gegebenenfalls unlizenzierte Tools genutzt werden. Der Zugriff kann über Bildschirme, Festplatten, Schnittstellen oder andere Datenausgabestellen erfolgen.

Die Verarbeitung von Daten kann aufgrund von internen Notwendigkeiten, aber auch regulatorischen oder gesetzlichen Vorgaben erfolgen. Beispiele sind Gruppenanforderung, Einlagensicherung, FATCA (US-amerikanisches Steuergesetz Foreign Account Tax Compliance Act), Kontenabruf (Bundeszentralamt 2018). Es kann sich bei der Verarbeitung um eine Notwendigkeit im Rahmen des Reportings, der

Überwachung, der normalen Leistungserstellung des Instituts, der Innovation bis hin zur Suche nach geeigneten Szenarien im Bereich Risiko handeln, wie auch um Tests zu verschiedenen Zwecken.

Von einer Datenverarbeitung grenzt sich das sog. *Personal Computing* ab, bei dem es weniger um die Verarbeitung von Daten geht, als um eine Automatisierung von Vorgängen durch den einzelnen Benutzer an seinem eigenen Rechner. Beispiele hierfür sind automatische Markierungen und Sortierungen von eingehenden Mails in der eigenen Mailbox.

Regulatorische Anforderungen

2

Die EZB ist der oberste Regulator für Banken in Deutschland, das Teil des Euroraums ist. Die EZB überwacht eine Reihe von Großbanken bzw. signifikante Banken direkt, während die nationalen Aufsichten – in Deutschland die Deutsche Bundesbank und das BaFin – alle übrigen Institute überwachen.

2.1 Vorgaben der Deutschen Bundesbank

Die Deutsche Bundesbank hatte bereits im Jahr 2013 ihre Anforderungen an den Umgang mit IDV formuliert (Bundesbank 2013):

- Schutzbedarf für IDV-Anwendungen identifizieren
- Prozess zu IDV-Anwendungen im Fachbereich leben
- Zuständigkeit und Verantwortung
- Versionierung
- Wartbarkeit, Trennung von Programm und Daten
- Qualitätssicherung
- Sicherer Produktivbetrieb und Zugriffsrechte in der Anwendung
- Nachvollziehbarkeit von Datenänderungen
- Integrität der verarbeiteten Daten
- Dokumentation
- Revision

Aus all diesen Vorgaben leiten sich Aufgaben für den Umgang mit IDV ab. Die erfolgreiche Umsetzung, insbesondere im Alltag muss revisionssicher und damit nachvollziehbar gestaltet sein, insbesondere muss eine entsprechende Dokumentation stattfinden.

© Springer Fachmedien Wiesbaden GmbH, ein Teil von Springer Nature 2019   7
H. Biernat, *Individuelle Datenverarbeitung in Zeiten von Banking 4.0,* essentials,
https://doi.org/10.1007/978-3-658-25696-8_2

2.2   Vorgaben nach MaRisk zu IDV

Die BaFin stellt ihre Wünsche an die Umsetzung des Risikomanagement der Institute im Rahmen von Rundschreiben vor. Sie berücksichtigt dabei die Größe, das Geschäftsmodell und den Risikogehalt der Banken durch ein proportionales Vorgehen. So gelten zunächst prinzipiell alle Regeln für alle Banken, wobei dann die jeweilige Umsetzung in der Praxis des Instituts und auch die jeweilige Prüfung dem Prinzip der doppelten Proportionalität folgt. Diese Vorgehensweise bei der qualitativen Aufsicht ermöglicht es, dass Institute die Prinzipien der MaRisk angemessen und wirksam umsetzen müssen, was unterschiedliche Herangehensweisen grundsätzlich zulässt. Dabei müssen Institute mit hohen Risiken höhere Anstrengungen beim Risikomanagement unternehmen, als kleinere Institute.

In Bezug auf die technisch-organisatorische Ausstattung gelten zusammengefasst die folgenden Regeln (Bundesanstalt 09/2017) und Anforderungen:

- Orientierung an betriebsinternen Erfordernissen, den Geschäftsaktivitäten sowie der Risikosituation
- Integrität, Verfügbarkeit, Authentizität sowie Vertraulichkeit der Daten; Berechtigungen, Rollen und Rollenmodelle
- Regelprozess der Entwicklung, des Testens, der Freigabe und der Implementierung; Produktions- und Testumgebung sind dabei grundsätzlich voneinander zu trennen
- Überwachungs- und Steuerungsprozesse für IT-Risiken

Die Aufsicht hat in der Version der MaRisk aus 2017 eine Textziffer hinzugefügt, die erstmals den Begriff der IDV enthält. Damit gelten auch für IDV-Anwendungen die Regelungen in Bezug auf Hard- und Software. Der proportionale Ansatz der Aufsicht wird deutlich, denn die Umsetzung soll entsprechend der Kritikalität der unterstützten Geschäftsprozesse und der Bedeutung der Anwendungen für diese Prozesse erfolgen.

Die Maßnahmen zur Sicherstellung der Datensicherheit sollen sich am Schutzbedarf der verarbeiteten Daten orientieren.

2.3   Weiterreichende Vorgaben nach BAIT in Bezug auf IDV

Die BAIT sind ein neues Rundschreiben der Aufsicht, mit dem sie ihre Anforderungen an die IT-Sicherheit in der Kreditwirtschaft konkretisiert (Bundesanstalt 2018).

IDV wird in den BAIT den Aktivitäten der Anwendungsentwicklung zugeschlagen. Damit gelten alle Regelungen sowohl der IT wie auch der Strategie der Banken (insbesondere deren IT-Strategie) ebenso für IDV. Das bezieht sich auch auf Aspekte der Datensicherung und das Business-Continuity Management.

Die BAIT gehen deutlich weiter als die Anforderungen der MaRisk, indem im Rundschreibentext und dessen Kommentierung durch die BaFin konkrete Forderungen aufgestellt werden. Auch hier soll das Herangehen risikoorientiert nach den Vorgaben des Kap. 6 sein. Im Rahmen der Umsetzung von IT-Projekten sollen durch die Projektbeteiligten eine Reihe von Vorgaben erfüllt werden.

Die wichtigsten Aufgaben in den BAIT Tzn. 36, 43 und 44 lauten:

- angemessene Prozesse festlegen
- Vorgaben zur Anforderungsermittlung:
  - zum Entwicklungsziel
  - zur (technischen) Umsetzung (einschließlich Programmierrichtlinien)
  - zur Qualitätssicherung
  - zu Test, Abnahme und Freigabe enthalten.
- angemessenes Verfahren für die Klassifizierung/Kategorisierung (Schutzbedarfsklasse)
- Verfahren für den Umgang mit IDV
- Einhaltung der Programmierstandards des Instituts
- Schaffung einer IDV-Richtlinie:
  - Vorgaben zur Identifizierung von IDV
  - zur Dokumentation
  - zu den Programmierrichtlinien
  - zur Methodik des Testens
  - zur Schutzbedarfsfeststellung
  - zum Re-Zertifizierungsprozess
- Schaffung eines zentralen Registers der IDV:
  - Name und Zweck der Anwendung
  - Versionierung, Datumsangabe
  - Fremd- oder Eigenentwicklung
  - Fachverantwortliche(r) Mitarbeiter
  - Technisch verantwortliche(r) Mitarbeiter
  - Technologie
  - Ergebnis der Risikoklassifizierung/Schutzbedarfseinstufung und ggf. die daraus abgeleiteten Schutzmaßnahmen

Neben diesen konkreten Anforderungen gibt es auch Anforderungen an das Betriebskontinuitätsmanagement (Business Continuity). So müssen besondere

Anstrengungen von der IT für den Hard- und Softwarebetrieb unternommen werden, damit die Systeme auch in Störungszeiten stabil oder zumindest mit angemessenem Aufwand innerhalb angemessener Zeit sicher wieder verfügbar sind. Dieselben Anforderungen gelten eben auch für den Betrieb von IDV, was es notwendig macht, diese zu identifizieren, um sie in die IT-Konzepte zu übernehmen.

Zudem werden Hardware, Software, Daten und Prozesse auf ihre Kritikalität und ebenso auf maximale Wiederherstellungszeiten usw. (BIA, Business Impact Analyse) hin analysiert. Ein entsprechender Plan (BCP, Business Continuity Plan; DRP, Desaster Recovery Plan) für den Krisen-, Störungs- oder Notfall enthält alle Komponenten, (wie die betroffene Hard- und Software) und gibt Auskunft über die Vorgehensweise. Ist die Störung beseitigt, muss es in einem sog. Desaster Recovery Plan (DRP) Prozesse geben, die eine Rückkehr in den Normalbetrieb ermöglichen. Entsprechend müssen auch Verfahren zur Verfügung stehen, mit denen ein Restore der vorher mittels Backup gewonnenen Datensicherungen vorgenommen werden kann.

Bei der Veröffentlichung der BAIT wies die Aufsicht darauf hin (Bundesanstalt 2018), dass sie keine Umsetzungsfrist vorsehe, da es sich mit den BAIT nur um eine Erläuterung und Konkretisierung bereits vorhandener Anforderungen handele.

2.4   Andere Vorgaben

IDV unterliegt den gleichen Anforderungen wie reguläre Software. Daher gelten dafür eine Reihe von weiteren Vorgaben, die hier exemplarisch vorgestellt werden. Einige der vorgestellten Regelungen gelten nicht für alle Institute in der beschriebenen Form (BCBS 239, Regelungen zur Cyber-Sicherheit für die EZB-überwachten Institute). Andere Regelungen dagegen sind von allen Instituten umzusetzen, da sie Teil einer allgemeingültigen Vorgehensweise sind (Regelungen zum Datenschutz und zu den Aufbewahrungsfristen, wie auch zur Bilanzierung). Andere Vorgaben sind nicht für jede IDV relevant (Mitbestimmungsrechte der Arbeitnehmervertretung oder das Vorgehen bei Fusionen). Im Rahmen der Untersuchungen zum SREP werden mögliche Defizite bei der IT durch die jeweils zuständige Aufsicht geahndet. Auch hier gilt, dass die IDV Teil der Vorgehensweise des Institutes sind und daher entsprechend bestraft wird, wenn sie nicht ausreichend behandelt wird.

BCBS 239 Der Baseler Ausschuss für Banken Aufsicht hat im Jahr 2013 einen Grundsatz (Basel 2013) mit dem Titel „Grundsätze für die effektive Aggregation von Risikodaten und die Risikoberichterstattung" herausgebracht. Darin enthalten sind Vorgaben zum Umgang mit Daten. Da Risikoberichte zu einem großen Teil institutsspezifisch sind, ist anzunehmen, dass auch sie IDV sind. Insofern gelten diese Regelungen für ihre Erstellung. Diese Vorgabe gilt allerdings nur für global systemrelevante Banken, daher werden sie von anderen Instituten nur vereinzelt umgesetzt. Die MaRisk betonen jedoch, dass Institute, die unter die Regelungen der MaRisk fallen, weiterreichende Regelungen umsetzen müssen, namentlich werden in AT 1 Tz. 3 der Baseler Ausschuss und das Financial Stability Board genannt, sofern sie diese Voraussetzungen erfüllen:

- besonders groß
- Geschäftsaktivitäten gekennzeichnet durch
  - besondere Komplexität
  - Internationalität
  - besondere Risikoexponierung

Das bedeutet, dass insbesondere kleinere Institute von den Regeln derzeit noch ausgenommen sind.

Datenschutz (EU-DSGVO) und Aufbewahrungsfristen Die MaRisk beziehen sich in erster Linie auf die Datensicherheit (Bundesanstalt 09/2017 Tz. 1). Solche Regelungen zum Datenschutz sind bei IDV-Anwendungen natürlich ebenso zu erfüllen. Die Datenschutz-Grundvorordnung (EU-DSGVO, s. Europäisches Parlament 2016) deren Umsetzung bis Mai 2018 erfolgen musste, hat hierzu EU-weite Vorgaben für Deutschland umgesetzt. So gelten Auskunftspflichten aber auch Lösch- und Anpassungspflichten bei der Verarbeitung von personenbezogenen Daten. Dieser Verpflichtung muss das Institut auch bei Daten nachkommen, die im Rahmen von IDV gespeichert und verarbeitet werden.

Um den Dokumentationspflichten zu genügen müssen Daten und Auswertungen historisiert und archiviert werden. Die Anforderungen ergeben sich aus steuerlichen, satzungsrechtlichen oder anderen Vorgaben. Sie gelten auch für die IDV. Damit sind hier auch datenschutzrechtliche Vorgaben zu beachten, wie das Löschen personenbezogener Daten, wie in den einschlägigen Verordnungen vorgesehen.

Supervisory Review and Evaluation Process (SREP) Ein Teil der Beurteilung der Prüfer ist die angemessene Steuerung von Risiken durch das Institut (Europäische Zentralbank 2016). Sollten hier Defizite insbesondere durch Risiken aus IDV-Anwendungen bestehen, könnten die Prüfer einen Aufschlag auf die Kapitalanforderungen der Bank festlegen und so die Bank durch eine Verminderung ihrer Handlungsmöglichkeiten bestrafen.

BetrVG Betriebsverfassungsgesetz Die Arbeitnehmervertretung besitzt ein Mitsprache- und Mitentscheidungsrecht. Diese kann sich auf Daten und Software von IDV beziehen, je nachdem, wofür diese genutzt wird.

Cyberrisiken EZB Das Thema der Cyberrisiken wurde durch die EZB bereits aufgegriffen (Europäische Zentralbank 2018). Vorgaben, die in Bezug auf die Infrastruktur der Banken gemacht werden, können auch Anpassungsbedarf bei IDV-Anwendungen notwendig machen. Die EZB schafft hierzu z. B. Oversight-Erwartungen zur Cyber-Resilienz von Finanzmarktinfrastrukturen, so will sie anhand von verschiedenen Kriterien die Widerstandsfähigkeit der überwachten Institute in Bezug auf Cyberrisiken regeln und bemessen.

Bilanzierung von IDV Bei der Erstellung von IDV oder dem Kauf von Software kann auch die Möglichkeit der Bilanzierung der Aufwendungen und deren sukzessive Abschreibung eine Rolle spielen. So ist Software ein immaterielles Anlagegut, das bei der Berechnung des aufsichtlichen Eigenkapitals abgezogen wird (Europäisches Parlament 2012).

Fusionen Die MaRisk fordern in AT 8.2 Tz. 1 neben anderen Informationen und Überlegungen in einem Konzept vor einer Fusion Überlegungen zu „notwendigen Anpassungen der Risikosteuerungs- und -controllingprozesse und der IT-Systeme" (inklusive der Datenaggregationskapazitäten). Somit muss bereits in dieser Phase auf hohem Niveau überlegt werden, welche Anstrengungen unternommen werden müssen und welche IDV es geben muss, weil die Integration der vorhandenen Systeme, Daten und Prozesse sonst nicht reibungslos funktionieren würde.

Aktuelle Situation der IT und der IDV bei den Banken in Deutschland

3

Die MaRisk und BAIT zeigen die Anforderungen der Aufsicht für alle Finanz-institute, bei denen die Banken ein Teil sind. Banken bieten ihren Kunden in Deutschland im Regelfall eine große Palette von Produkten und Dienstleistungen an. Nicht jedes dieser Angebote kann durchgängig in der vorhandenen Software abgebildet werden und ist dafür vorgesehen. Durch die Vielfalt gibt es System-brüche oder Medienbrüche, also Schnittstellen, die überwunden werden müssen. Wo Standard-Schnittstellen z. B. fehlen muss auf eigene Entwicklungen oder auf manuelle Umsetzung zurückgegriffen werden.

Banken gehören unterschiedlichen Sparten und Gruppen an. Der Bundes-verband deutscher Banken (Bundesverband 2018) nimmt eine Einteilung der Banken in die folgenden Gruppen vor:

- Sparkassen
- Kreditgenossenschaften
- Private Banken und Bausparkassen
- Landesbanken, Förderbanken, öffentliche Bausparkassen und Spezialinstitute

Sparkassen wie Kreditgenossenschaften haben aufgrund ihrer eher regiona-len Aufstellung und Strategie zumeist ein ähnliches Geschäft. Bei allen anderen Institutsarten ist das nicht eindeutig der Fall. Um deren Geschäft vollständig abbilden zu können, werden unterschiedliche Systeme mit unterschiedlichen Schwerpunkten benötigt, die außerdem vernetzt sein und entsprechende Ergeb-nisse in Form von Daten liefern müssen.

Banken sind allerdings, insbesondere in Deutschland, derzeit nicht rendite-stark, obwohl sie versuchen, kostensparend zu agieren. Sie sind gemeinsam mit anderen Instituten Teil einer stark regulierten Branche in einem u. a. aufgrund der

© Springer Fachmedien Wiesbaden GmbH, ein Teil von Springer Nature 2019   13
H. Biernat, *Individuelle Datenverarbeitung in Zeiten von Banking 4.0,* essentials,
https://doi.org/10.1007/978-3-658-25696-8_3

Bankenkrise der 2000er Jahre stark regulierten Umfeld. Es gibt wenige neue Produkte im Markt, die alle Banken anbieten. Eine der letzten großen, nach außen hin sichtbaren Anpassungen an Kundenbedürfnisse war das Online-Banking. Viele andere Anpassungen erfolgen eher intern, um Prozesse zu verbessern oder Vorgaben von außen erfüllen zu können. Der Sparkurs ist einer der Gründe, aus denen grundlegende Anpassungen der Bankensoftware oft aus Kosten- und Ressourcengründen unterbleiben.

Banken arbeiten aufgrund der notwendigen Spezialisierung der Mitarbeiter zu einem hohen Grad arbeitsteilig. Abgesehen von dadurch bedingten fachlichen und sachlichen Gründen gibt es eine grundlegende Vorgabe der Aufsicht für eine personelle Trennung bis auf die Geschäftsleiterebene zwischen den Front-Office-Bereichen (im Groben denen mit einem Kundenkontakt) und dem Backoffice, also allen anderen Bereichen. Separat sind verschiedene Rollen in den Instituten zu betrachten, nämlich das Risikocontrolling, die Compliance und die Interne Revision, die andere überwachende Aufgaben haben. Die IT als Abteilung oder Bereich ist somit Teil des Backoffice.

3.1 Auswahl von Gründen, warum IDV entwickelt wurde

An anderer Stelle wurde bereits eine Abgrenzung zwischen IDV und anderer Software vorgenommen. So geschieht die Kreativität, mit der bei der Erstellung von IDV Neues geschaffen wird, nicht als Selbstzweck, sondern sie ist zielgerichtet wegen einer Unzulänglichkeit, sei sie vermeintlich oder real. Es gibt für die Erstellung einen ‚guten Grund' aus Sicht desjenigen, der die Programmierung in Auftrag gibt oder desjenigen, der sie selbstständig durchführt. Die Erstellung von IDV ist also nicht per se schlecht. Sofern sie eliminiert werden soll gilt es, nicht nur sie selbst, sondern insbesondere auch den Grund für die Entstehung der eigenen Lösung abzuschaffen.

Die Hauptursachen für IDV können sein:

Schnelligkeit Fachabteilungen sind oft darauf angewiesen, schnelle Antworten ad-hoc zu liefern oder schnelle Prozesse zu haben. Sie greifen zur Selbsthilfe, wenn es keine Kapazitäten in der IT gibt, um den Gesamtprozess zu begleiten, der stellenweise noch mit unklaren Zielen verbunden sein kann. Ist das Ergebnis dann einmal erreicht, so kann aus einer pragmatischen Einmal-Lösung aus Zeitgründen ein Standard werden. Ein Beispiel hierfür können Produktvarianten sein, die nicht als neues Produkt wahrgenommen werden und die in einem prinzipiell durchorganisierten Prozess letztendlich nur unzureichend umgesetzt werden. Eine grundlegende Umsetzung könnte die Einführung verlängern oder sie gänzlich unmöglich bzw. unnötig machen. Schnelligkeit kann behindert werden durch langwierige (Genehmigungs-)Prozesse oder Dokumentationsaufwand oder mangelndes Verständnis bzw. Knowhow aufseiten der beteiligten Personen aus der IT, die nicht schnell genug in die fachlichen Probleme und Aufgaben eingearbeitet werden können.

Rationalisierung IDV kann Ausdruck einer notwendigen Vereinfachung sein, wenn der Vorgang zu selten benutzt wird und daher eine aufwendige Standardisierung aus verschiedenen Gründen nicht in Frage kommt. Seltene Vorgänge können z. B. Prozesse für die Abwicklung von Produkten sein mit einem hohen Grad an manuellen Prozessschritten, da dafür in der verwendeten Software keine Vorrichtungen zur automatisierten Verarbeitung zur Verfügung stehen.

Ebenso kann der Prozess laufend Änderungen unterliegen, sei es durch Vorgaben der Zulieferer oder der Abnehmer der Daten. So können nicht alle von der Aufsicht geforderten Daten automatisch geliefert werden, sondern müssen manuell zusammengestellt werden. Schaffen sich die Fachabteilungen eigene technische Hilfe, liegt IDV vor.

IDV, die Vorgänge rationalisiert, kann auch Ausdruck sein von Unzulänglichkeiten z. B. in den Schnittstellen, aufgrund unstrukturierter Daten, die nicht maschinell übertragen werden können. Das Gleiche gilt für alle Arten von Medienbrüchen, die durch die Fachbereiche selbstständig optimiert werden.

Beschränkungen Neben den beschriebenen Mängeln in den Prozessen der IT, können Vorschriften aus Sicht der Fachabteilung zu unflexibel sein oder es kann allgemein am Budget oder an Ressourcen fehlen, um eine Anforderung entsprechend umzusetzen. Andere Beschränkungen, die IDV überwindet, können sich neben der Unzulänglichkeit der Software auch aus Unzulänglichkeiten der jeweils verwendeten Programmiersprache ergeben, die für die Fragestellung nur unzureichend geeignet ist. So hat die Programmiersprache R einen Schwerpunkt in der Auswertung statistischer Daten, die mit anderen Programmiersprachen nicht oder nur sehr aufwendig umgesetzt werden kann. Nicht jede Software ist für alle Zwecke geeignet, so ist in multi-nationalen Konzernen z. B. nicht jede Bilanzierungssoftware für alle Länder und regionalen Steuervorgaben geeignet, was Hilfsrechnungen in anderen Programmen oder Tabellenkalkulationsprogrammen notwendig macht.

Andere Mängel der bestehenden Software können sich durch Fehler oder Mängel bei der Anforderung durch die Fachabteilung ergeben. Um diese

Unzulänglichkeiten zu kaschieren wird heimlich ein Workaround geschaffen, um Restriktionen zu vermeiden.

Mathematisierung der Fachbereiche Datenbanken in SQL sowie auch Business-Intelligence (BI) sind inzwischen relativ einfach zu verstehen und zu bedienen. IT-Wissen ist nicht mehr nur ausschließlich in den IT-Abteilungen verfügbar. Da die Fachbereiche ihre Daten entsprechend selber bearbeiten können, statt sie zentral verwalten und berechnen lassen zu müssen, gibt es in vielen Bereichen eigene Anwendungen.

Andere Gründe für IDV Neben den Schwierigkeiten bei stark expandierenden Instituten, bei denen die Technik nicht mehr mithalten kann, kann eine Fusion, also das Zusammengehen von zwei Instituten, zu IDV führen. Hier läuft ein Prozess, bei dem verschiedene Systeme harmonisiert oder vereinheitlicht werden und für eine Übergangszeit parallel laufen müssen. Um eine Überleitung auf eine vereinheitlichte Datenplattform zu erreichen sind, sofern vereinheitlichte, standardisierte Schnittstellen durch die Anwendungsprogrammierung noch nicht geschaffen wurden, Hilfsrechnungen oder IDV eine mögliche, temporäre Lösung.

Gründe für IDV können aber auch irrationale, persönliche Präferenzen der Beteiligten sein, wenn sie nicht auf nachvollziehbaren, verständlichen Problemen beruhen. Dass IDV trotz anderweitiger Vorgaben der Geschäftsleitung auch an Stellen besteht, an denen sie eigentlich nicht vorhanden sein sollte, kann aber auch auf einem mangelnden Problembewusstsein der jeweiligen Entscheidungsträger vor Ort herrühren.

3.2 Beispiele für IDV in den Banken

IDV kann, wie beschrieben, verschiedene Ursachen haben. Es gibt dabei eine Reihe von klassischen Bereichen, die mit IDV arbeiten. Nachfolgend sind einige davon beispielhaft beschrieben.

Schnittstellen und Medienbrüche Wie schon beschrieben können Schnittstellen und Medienbrüche Ursachen für IDV sein. So kann es keine funktionierende Möglichkeit geben, Daten technisch von einem System in ein anderes zu übertragen, um die Daten entsprechend weiterverarbeiten zu können. Beispielsweise können Aufträge auf dem Weg zwischen dem Handelssystem des Frontoffice in das Abwicklungssystem des Backoffice bei manchen Systemen nicht maschinell übertragen werden. Eine Alternative dazu, die Daten manuell zu erfassen, kann ihr Einlesen von einem Datenträger nach einer entsprechenden manuellen Bearbeitung oder einer Umwandlung durch ein Programm wie VBA sein. Hierbei handelt es sich um IDV, wenn diese Möglichkeit zur Rationalisierung durch die Fachabteilung selbst erdacht und umgesetzt wird.

IDV in der Personalabteilung Der Personal-Bereich arbeitet mit einer großen Anzahl an unstrukturierten Daten. So sind Personalakten, Bewerbungen oder Beurteilungen bis hin zu Zeugnissen meist noch papierhaft. Will also eine Personalabteilung ihre Daten auswerten, so ist sie oft gezwungen, Statistiken usw. manuell zu führen. Viele Daten dürfen gerade in diesem Bereich nicht ohne Weiteres erfasst und ausgewertet werden, da sie dem Datenschutz unterliegen oder es weiterreichende Mitbestimmungs- bzw. Beteiligungsrechte der Arbeitgebervertretung gibt. Funktioniert allerdings die Software z. B. zur Abrechnung der Löhne, Gehälter und Pensionen nicht optimal, so wird mit Workarounds gearbeitet. Diese können notwendig sein, wenn mit Mitarbeitern, z. B. solchen aus einem anderen Wirtschaftsraum, spezielle Vereinbarungen getroffen werden, die in der EDV nicht abbildbar sind. Sobald diese manuellen Arbeitsgänge durch die Personalabteilung mittels VBA vereinfacht werden, besteht IDV.

IDV im Risiko- und Finanzbereich Die Anforderungen der Aufsicht an Banken haben sich in den vergangenen Jahren deutlich erhöht, oftmals schneller, als vorhandene Systeme angepasst werden konnten. Allerdings sind besonders Risikobereiche und Finanzbereiche auf eine umgehende Vervollständigung und Berichtigung der Datenbestände angewiesen. Durch die Vorgaben ist es ihre Aufgabe, neben regelmäßigen Reports auch ad-hoc-Berichte zu erstellen. Wo hierfür keine Vorrichtungen oder Systeme bestehen, kann IDV (z. B. als VBA in Excel oder Access) ein Mittel sein, um allen Anforderungen gerecht zu werden.

Ein weiterer Themenkreis umfasst die Modellrechnungen der Risikobereiche, die Risiken aufgrund der Anwendung von eigenen Szenarien auf das eigene Bestandsgeschäft oder die Bewegungsdaten wie Kontoumsätze aufzeigen soll. Diese Modellrechnungen sind immer institutsspezifisch, da sie neben der Strategie auch das tatsächliche Geschäft darstellen sollen. Um die Daten entsprechend für diese Zwecke aufzubereiten, durchzurechnen und im Sinne von Reporten zu präsentieren ist IDV oft das schnellste Mittel zum Ziel.

IDV in der IT Eine IT-Abteilung besteht aus verschiedenen Unterbereichen, wie den IT-Betrieb, die Anwendungsentwicklung usw. Die Nähe zur Anwendungsentwicklung bedeutet für den Bereich IT-Betrieb nicht zwingend, dass seine Anforderungen immer durch diesen Bereich umgesetzt werden vielmehr entsteht hier IDV, wenn die Mitarbeiter mit ihren Kenntnissen Software selbst erzeugen. Diese steht nicht in jedem Fall in einem direkten und klaren Zusammenhang mit der Leistungserbringung der Bank, sondern kann Hintergrundaufgaben innerhalb der IT beinhalten. Trotzdem handelt es sich auch in solchen Fällen um IDV.

3.3   Die Problematik der IDV

IDV stellt, ebenso wie jede andere verwendete Software, ein operationelles Risiko dar. Dieses Risiko muss nicht unbedingt auch eintreten, aber es könnte zumindest aus den unterschiedlichsten Gründen möglich sein. Im Zusammenhang mit IDV kommen allerdings weitere Kritikpunkte hinzu.

Machart IDV ist nicht durch die dafür vorgesehenen Kräfte erstellt worden, darum ist sie oft weder professionell erstellt noch getestet oder dokumentiert. Oft sind nicht alle für den korrekten Umgang notwendigen Vorkehrungen getroffen worden, z. B. dadurch, dass das Berechtigungsmanagement nicht ausreichend implementiert ist, womit die Datensicherheit, aber auch die Vertraulichkeit der Daten nicht gewährleistet sind. Mit IDV werden eigene Datenbestände erstellt, sogenannte Datensilos, die u. U. nicht ausreichend gesichert und versioniert werden. Gängige Tabellenkalkulationen vermischen z. B. Funktionen wie die Eingabe und Berechnung, aber auch die Datenhaltung. Berechnungsfehler können hier durch einfache Fehleingaben erfolgen.

Knowhow Die Erstellung von IDV erfordert die Arbeitszeit und Arbeitskraft der jeweiligen Fachabteilung. Das Wissen bei der Erstellung kann über das für den jeweiligen Arbeitsplatz notwendige Maß an Fachkenntnissen hinausgehen. Die Mitarbeiter betreiben hier Aufwand, der nicht zu ihren eigentlichen Aufgaben gehört. Bei einem Weggang der jeweiligen Ersteller entsteht ein sog. „Brain-Drain", der Wissensverlust durch Mitarbeiter, die das Unternehmen verlassen. Damit wird eine vernünftige Nutzung oder Weiterentwicklung der hinterlassenen IDV-Software unmöglich gemacht oder zumindest deutlich erschwert.

Wartung Die IDV selbst kann notwendigen Anpassungen unterliegen, wenn sich in zuliefernden oder abnehmenden Systemen Parameter, Schnittstellen oder sonstige Einstellungen ändern. Da diese Änderungen von der IT vorgenommen werden, die über die Anforderungen der jeweiligen IDV allerdings nicht im Bilde ist, kann es zu Verzögerungen durch ad-hoc notwendige Anpassungen bis hin zu einem Ausfall von IDV-Komponenten mit entsprechenden Auswirkungen auf den Arbeitsablauf kommen. Die fehlende Weiterentwicklung der Programme führt dazu, dass sie nicht zukunftsfähig sind. Die mangelnde Einbindung in die Arbeitsabläufe des IT-Betriebs führt dazu, dass keine automatische Sicherung oder Versionierung erfolgt, bis hin zu unterlassenen Arbeitsschritten im Rahmen des betrieblichen Kontinuitätsmanagements, um Betriebsausfälle zu vermeiden.

Rechte Die in Betrieb befindliche IDV kann Rechte Dritter beinhalten, die unlizenziert verwendet wird. Ebenso kann es sich um Arbeitnehmererfindungen handeln, die entsprechend zu vergüten wären. Da entsprechende Vereinbarungen fehlen, besteht kein direkter Haftungsanspruch oder Anspruch auf Wartung oder Anpassung seitens des Instituts.

Andere, mögliche Folgen Wenn Mitarbeiter IDV erstellen, begibt sich das Institut in eine direkte Abhängigkeit. Es könnte bis hin zur Erpressung durch den Mitarbeiter gehen, der um die Schwierigkeiten weiß, sollte die IDV nicht oder nicht im bisherigen Maße genutzt werden können.

Es kann festgehalten werden, dass es bei einigen Instituten in der Vergangenheit zu Störungen oder auch zu Fehlern in Meldungen an die Aufsicht oder die anderen Entscheidungsträger kam. Diese wiederum hat zu Schäden durch Fehlentscheidungen geführt, aber auch allgemein zu Schäden durch erhöhte Kosten bei einem Austausch von IDV-Komponenten.

3.4 Mögliche Folgen bei Störungen der genutzten IDV

Für eine Eigenentwicklung der Abteilungen haftet kein Dritter. Anders als bei einer gekauften oder lizensierten Software bestehen demnach auch keine Gewährleistungsansprüche. Einen entstehenden Schaden muss das Institut also selber tragen. Die Ursache einer Störung kann unbewusst erfolgen z. B. durch eine fehlerhafte Nutzung, aber auch bewusst durch Manipulation oder Sabotage von eigenen Mitarbeitern oder durch Dritte (Cyberangriff) aufgrund fehlender Sicherungsmaßnahmen.

Direkte Folgen bei Problemen Eine Störung der IDV bis hin zur Nichtverfügbarkeit kann bedeuten, dass die normalerweise zur Verfügung stehenden Leistungen und Ergebnisse nicht ausgegeben werden. Dieser Stillstand eines Prozesses kann Auswirkungen auf andere Prozesse haben. So kann ein Ausfall zu erhöhten Risiken und unerwarteten Kosten führen.

Die IDV hat zwar möglicherweise Kosten zu einem früheren Zeitpunkt eingespart, aber in einer Krisensituation entstehen in der Regel schlagartig höhere Ausgaben zur direkten Bereinigung und Lösung der Situation. Zudem steigen die Kosten für eine nachhaltige Lösung der Situation. Sind mit der IDV Rationalisierungseffekte eingetreten, so ergeben sich zusätzlich Probleme, da der Mehraufwand z. B. manuell erbracht werden muss, insbesondere in der Zeit der Analyse bis die Krise gelöst ist und eine andere Lösung gefunden, getestet und implementiert wurde.

Indirekte Folgen Eine Störung kann neben der eigenen Handlungsunfähigkeit allerdings auch weiterreichende Schäden bewirken. So kann das Vertrauen in die Handlungsfähigkeit des Instituts leiden, was zu Reputationsschäden am Markt führt.

Weiterreichende Folgen Diese indirekten Folgen können in Konsequenz aber auch zu erhöhten Kosten führen, wenn der Markt annimmt, dass das Risiko erhöht ist, also Zweifel an der zukünftigen Handlungsfähigkeit und die Verlässlichkeit der Prozesse und Risikobemessung besteht.

Die Ergebnisse der internen Revision in diesem Zusammenhang, aber auch eigene Untersuchungen der Aufsichtsbehörden können sowohl zu weitergehenden Sanktionen führen, die in direktem Zusammenhang mit der Störung stehen, als auch zu solchen, die letztendlich zu einer generellen Forderung nach erhöhten Puffern bis hin zu einer Erhöhung des SREP-Aufschlags führen. Die Sanktionen bedeuten dabei direkt Kosten für das Institut, ein SREP-Aufschlag verkleinert die Möglichkeiten, zukünftige Risiken einzugehen und daraus Erträge zu erzielen.

3.5   Neue Herausforderungen für die Banken

Teilnehmer an den Finanzmärkten sehen sich einem sich laufend ändernden Umfeld gegenüber, auf das sie reagieren müssen. Die Geschwindigkeit der notwendigen Anpassungen hat sich deutlich erhöht. Die Anforderungen sind komplexer geworden, eine technische Umsetzung kann eine Herausforderung sein und ebenso kosten- wie zeitintensiv sein. Oft steht die IDV neben den notwendigen Maßnahmen bereits am Anfang einer erfolgreichen Umsetzung. Gründe für eine notwendige IDV, aber auch Gründe für ihre Angreifbarkeit und ihre Schwächen, kommen aus verschiedenen Bereichen. Da eine Standardsoftware für die Innovationen oft noch nicht zur Verfügung steht, wird die Bank auf eigene Programmierung bzw. die betroffene Fachabteilung auf IDV zurückgreifen müssen, womit sich kurz-und mittelfristig das Risiko aus IDV in Banken eher erhöhen als vermindern wird.

Interne Veränderungen Institute rationalisieren ihre Prozesse und führen neue Mechanismen ein, was unter dem Begriff der Digitalisierung läuft. Damit sollen Kosten und Zeit eingespart werden. Allerdings führt ein derartiges Vorgehen auch zu einer Veränderung der Arbeitswelt der Mitarbeiter, die bis hin zu einer Entfremdung reicht. Ein Homeoffice, also das Arbeiten von Zuhause aus oder von unterwegs, ist eine immer häufigere Forderung in Zeiten überfüllter Züge und Zubringerstraßen. Dadurch kann es zu weniger Kommunikation innerhalb eines Teams oder Bereichs kommen und auch zu weniger Austausch zwischen Abteilungen. Sollten Fachkräfte bei der Lösung mehr und mehr auf sich selbst gestellt sein, so leistet das IDV Vorschub, wenn Lösungen dezentral gesucht und eingerichtet werden.

Regulatorische und gesetzliche Herausforderungen Die externen Anforderungen sind, wie beschrieben, deutlich gestiegen. Durch die Internationalisierung des Finanzbereichs gilt es, neben den Vorschriften des eigenen Landes oder Wirtschaftsraums auch andere Vorschriften in Zielmärkten zu beachten, was zur Komplexität beiträgt, aber auch zu notwendigen Klein- und Kleinstanpassungen in Datenbeständen.

Große Anstrengungen mussten durch die Banken zur Erfüllung der Anforderungen im Rahmen des Datenschutzes, des Meldewesens (insbesondere bei AnaCredit) und des Stresstestings im Bereich der Risikotragfähigkeitsannahmen betrieben werden. Viele Aufgaben konnten und können nicht durch Standardsoftware erbracht werden, was dem Entstehen von IDV Vorschub geleistet hat.

Darüber hinaus bestehen Herausforderungen durch irrationale politische Entscheidungen, die wie ein Angriff auf die globalisierte Welt wirken. So wirkt sich die Einführung von lokalen Zöllen auf die Kreditnehmer aus, deren Erträge durch die verlorenen Märkte sinken und denen auch die Möglichkeit fehlt, benötigte Komponenten günstig im Ausland zu kaufen. Die niedrigeren Erträge erhöhen das Risiko der Banken. Wollen diese für sich die Szenarien durchspielen müssen sie wiederum auf IDV zurückgreifen.

Veränderungen im Umfeld der Banken Die Internationalisierung der Finanzbranche hat zu einer Arbeitsteilung geführt. Zentrale Kontrahenten sollen intern das Risiko mindern, die Situation führt aber dazu, dass ein Institut weitere Schnittstellen bekommen und weitere Überwachungen und Kontrollen einführen muss. Der kostengünstigen Erbringung von Leistungen über Datennetze im Ausland, also die Auslagerung im engeren und weiteren Sinn, wie auch das Whitelabeling macht Banken angreifbar, wenn der Auslagerungspartner nicht die gleiche Sorgfalt aufwendet wie das eigene Institut, was insbesondere für dortige IDV gilt.

Veränderungen gibt es allerdings auch durch das veränderte Kundenverhalten und deren Anforderungen. So möchten Kunden zwar einerseits eine individuelle Ansprache, eine Verfügbarkeit der Produkte rund um die Uhr, besitzen dafür aber oft nicht die Bereitschaft, Gebühren dafür zu zahlen.

Innovationen am Markt Eine Reaktion auf innovative technische Möglichkeiten ist das Entstehen von FinTechs, die neue Lösungsmöglichkeiten im Bereich B2B und B2C bis hin zu C2C zur Verfügung stellen, die das Geschäftsmodell von Banken betreffen oder sogar infrage stellen.

Innovationen im Bereich Software sind zum Beispiel KI, Robo-Advisors oder Robo-Chats. Das Instant Payment der EZB hat zu weiteren Notwendigkeiten geführt, die bestehenden Prozesse im Bereich Zahlungsverkehr neu zu gestalten.

Big Data ist durch die Institute früher schon betrieben worden. Die Auswertung der eigenen Daten durch entsprechendes Knowhow von Data Scientists kann zu einer Verbesserung der eigenen Risikoannahmen führen. Allerdings kommt es hier zu Schwierigkeiten, da entsprechendes Personal und Knowhow am Markt inzwischen aufgrund der Konkurrenz aus anderen Branchen schwer oder nur teuer zu bekommen ist.

Gefahren In der zunehmenden Vernetzung liegen erhebliche Gefahren. Eine der größten ist der noch große Bestand an alter Software, basierend auf alten Betriebssystemen oder Hardwarekomponenten, die aus verschiedenen Gründen noch genutzt wird.

Neben der eher technischen Gefahr existiert zunehmend aber auch eine Gefahr aus dem Internet, die Gefahr des sogenannten Cybercrimes. So werden im Rahmen von Angriffen Daten und Informationen gestohlen, aber auch Sabotage betrieben oder Institute erpresst (wie im Rahmen von Wannacry).

Strategisches Herangehen durch die Institute 4

Das generelle Vorgehen eines Instituts in Fragen des Geschäftsbetriebs erforderte eine grundsätzliche Festlegung in Form einer Strategie. Diese Festlegung muss schriftlich erfolgen, sie ist mit dem Aufsichtsorgan (z. B. dem Aufsichtsrat) zu erörtern und allen Betroffenen innerhalb des Unternehmens zur Kenntnis zu bringen. Aus ihr leiten sich alle übrigen internen Vorschriften und Prozesse ab.

Der oberste Grundsatz ist dabei das Einhalten der Vorgaben sowohl des Regulators als auch der Kapitalgeber. Das Einhalten der regulatorischen Vorgaben gilt für alle Konkurrenten gleich. Es schafft neben der zusätzlichen Sicherheit über den Fortbestand des eigenen Unternehmens auch allgemeine Sicherheit am Markt. Die Strategie schafft aber eben auch Transparenz. In Bezug auf die Regelungen zur IT gibt die Strategie eins Instituts Auskunft über verschiedene Herangehensweisen und damit auch über Ressourcen in Form von Geld und Personal.

Allgemeine Ziele des Instituts Das Institut kann festlegen, dass es in Sachen Technik oder neuen Produkten Vorreiter sein will. Es kann alternativ auch festlegen, dass die eigene IT eher ein Mittel zum Zweck ist und nur die vorhandenen Anforderungen erfüllen muss. Eine Ausweitung oder wesentliche Veränderung des Geschäfts kann ausgeschlossen werden oder aber auch als ein Ziel definiert werden. Für dieses Ziel müssen entsprechende Ressourcen bereitgestellt werden. Die Strategie, insbesondere die in den BAIT geforderte IT-Strategie, muss Vorgaben zur gewünschten Verfügbarkeit der Systeme und der Daten machen. Grundsätzlich erfordern Systeme mit einem hohen Verfügbarkeitsgrad einen anderen Kostenrahmen als Systeme, die z. B. im Batch arbeiten.

© Springer Fachmedien Wiesbaden GmbH, ein Teil von Springer Nature 2019   23
H. Biernat, *Individuelle Datenverarbeitung in Zeiten von Banking 4.0*, essentials,
https://doi.org/10.1007/978-3-658-25696-8_4

Die Strategie kann aber auch andere Vorgaben machen:

IDV oder Standardsoftware Keine der beiden Vorgaben ist in Reinform in der Praxis umsetzbar. Beide haben Vorteile wie Nachteile. Bei einer Standardsoftware spart das Institut die Kosten einer eigenen Umsetzung und Programmierung, ist aber in den Anpassungs- oder Erweiterungsmöglichkeiten unter Umständen eingeschränkt. Innovationen für die vorhandene Software können vonseiten des Herstellers ausbleiben und damit auch die Fortentwicklung des Unternehmens behindern. Ein Kauf bzw. eine Lizenzierung von Software ist eine langfristige Entscheidung des Instituts. Die Aufbewahrungspflichten können bedingen, dass Software weit über das eigentliche Verwendungsdaten vorgehalten, gepflegt und lizensiert werden muss, wenn Möglichkeiten zu einer Übertragung der Daten und Anwendungsmöglichkeiten in eine neue Software fehlen.

IDV hingegen lässt alle Möglichkeiten in Hinblick auf die Funktionalität offen, ohne auf Fremdhersteller Rücksicht nehmen zu müssen. Andererseits ist der Umsetzungsaufwand hoch, denn neben den Aufgaben zur Erstellung sind Test- und Dokumentationsaufwand durch das Institut zu übernehmen. Eine Erst-Erstellung kann schnell und billig sein, eine Wartung und Erweiterung kann dann aber sehr kostenintensiv sein, wenn zwischenzeitlich Wissensträger das Unternehmen verlassen haben oder die Anforderungen im Rahmen der IDV-Richtlinie und der Programmierrichtlinie nicht durchgehend eingehalten wurden.

Make or buy Neben der Lizenzierung oder dem Erwerb von Standardsoftware kann das Institut auf Individualsoftware zurückgreifen, die sie nach ihren Vorstellungen programmieren lässt, anstatt diesen Aufwand selbst zu betreiben. Hier liegen die Vorteile in der professionelleren Herstellung, die Nachteile allerdings bei den erhöhten Kosten, der Knowhow-Weitergabe an Dritte, und darin, dass es einen höheren Aufwand gibt, da die Arbeit überwacht werden muss. Ebenso kann der Faktor Zeit eine Rolle spielen. Mit dem Einsatz von IDV direkt nach der Erstellung ohne Dokumentation und tiefere Tests kann das Institut zwar Risiken eingehen, aber schneller reagieren. Eine Verlagerung von Programmier- und anderen Aufgaben an Dritte erfüllt außerdem bereits Kriterien einer Auslagerung.

IDV oder Auslagerung Die Aufsicht hat den bisherigen Auslagerungsbegriff erweitert, indem nunmehr auch Vorgänge wie ein sonstiger Fremdbezug besonderen Regelungen unterliegt (siehe dazu insbesondere die BAIT Kap. 9 als Präzisierung von KWG § 25 b, aber auch MaRisk AT 9). Eine Auslagerung macht eine Reihe von anderen Aufgaben notwendig. Ein Institut kann sich mit einer

Auslagerung der störenden oder ungewollten Aufgabe nicht mehr entledigen, sondern es hat Vorkehrungen z. B. für ein ggf. notwendiges Insourcing zu schaffen. Auch muss im Unternehmen weiterhin genügend Knowhow und Kapazität für eine eigene Umsetzung der auslagerten Aktivitäten vorhanden sein. Somit müssen in Kostenoptimierungsrechnungen auch Mehrkosten im Unternehmen berücksichtigt werden. Für eine Auslagerung notwendiger Programmierungsaufgaben oder der Software kommen damit neue, zusätzliche Aufgaben auf.

Vorgehen zur Umsetzung der regulatorischen Vorgaben und der eigenen Strategie

5

Egal zu welcher Strategie sich ein Institut in Sachen IDV entscheidet, jede davon muss einen Prozess haben, diese IDV zu erkennen und, da sie sich in Gänze nie vermeiden lassen wird, entsprechend dafür die Vorgaben insbesondere der BAIT umsetzen.

Wichtig ist für ein Institut, die eigene Situation zu kennen. Sie braucht einen Status in Sachen IDV (Ist-Zustand). Im Falle, dass die Situation von der Strategie abweicht (Soll-Zustand), also deren Vorgaben nicht erfüllt oder einhält, besteht Handlungsbedarf, um die IDV in Einklang mit den eigenen Vorgaben des Instituts zu bringen. Ein dritter Aspekt sind alle Arten von regulatorischen Vorgaben (Muss-Zustand), bei dem es eine Abweichung oder Nichterfüllung nicht geben darf, will das Institut nicht Gefahr laufen, wegen der erhöhten Risiken aus Sicht der Aufsicht im Rahmen des SREP einen höheren Kapitalpuffer vorhalten zu müssen.

Der erste Schritt muss also sein, eine Bestandsaufnahme der eigenen Situation vorzunehmen und danach abzuwägen, inwieweit die eigenen und fremden Vorgaben erfüllt sind oder wo Handlungsbedarf besteht.

5.1 Analyse des Ist-Zustandes

Bevor auf die Details der Ausstattung oder in der verwendeten Software, sei sie Standard oder individuell erstellt oder bearbeitet, eingegangen wird, ist es wichtig, sich über einige Ist-Zustände klar zu werden.

Grundlegende Analyse Zu einer ersten Selbsteinschätzung gehört bei der Analyse der Situation bezüglich der Ausstattung mit Software, dass die allgemeine

© Springer Fachmedien Wiesbaden GmbH, ein Teil von Springer Nature 2019 27
H. Biernat, *Individuelle Datenverarbeitung in Zeiten von Banking 4.0*, essentials,
https://doi.org/10.1007/978-3-658-25696-8_5

Stellung des Instituts mit betrachtet wird. Dazu gehört die Frage, welches Geschäft das Institut betreibt und wie es das tut. So hat das Institut bei Entscheidungen nicht vollumfänglich die freie Wahl, sondern unterliegt starken Einflüssen von außen. Beispielsweise sind Institute in Gruppen gezwungen, die Software der Firmengruppe zu nutzen, statt einer Software, die besser zum eigenen Geschäftsmodell oder Vorgaben der lokalen Regulatoren oder des lokalen Marktes passen könnten. Wenn diese Freiheit in der Auswahl der Software nicht besteht, ein Institut aber allen externen Anforderungen gerecht werden muss, lassen sich viele dieser Anforderungen nur durch Improvisation bis hin eben zu individueller Datenverarbeitung in verschiedenen Bereichen lösen. Andere Institute können in der Wahl ihrer Instrumente zur Bearbeitung von Daten grundsätzlich frei sein, aber verschiedenen anderen Zwängen unterliegen, wie Adaptionsschwierigkeiten in Form von Schnittstellen-Unzulänglichkeiten oder mangelndem Support durch die ursprünglichen Softwareersteller. Das reicht bis hin zu Problemen im eigenen Institut durch mangelndes Wissen aufgrund unzureichenden Knowhow-Transfers (Seminar, Schulungen, Anlernen von neuen Mitarbeitern usw.).

Zu einer grundlegenden Analyse der eigenen Situation gehören aber auch allgemeinere, unter Umständen schwer messbare Gegebenheiten. So stellt sich die Frage nach der Dialogbereitschaft der Mitarbeiter untereinander und mit Vorgesetzten, der Compliance, der Revision oder anderen Abteilungen im Institut. Dieser Teil einer funktionierenden Risikokultur, der dem Wunsch folgt, das Risiko nicht nur zuerkennen, sondern es auch zu steuern und damit beherrschbarer zu machen, ist auch hilfreich für ein risikoangepasstes Verhalten in Bezug auf IDV. Es müssen neben dem Anpassungswillen aber auch die finanziellen und personellen Ressourcen bestehen, aktuelle oder zukünftige Probleme anzugehen.

Dabei ist wichtig zu wissen, wer welche Entscheidung wie trifft. Werden Entscheidungen spontan und unberechenbar getroffen, so sagt das viel über den Zwang und die Geschwindigkeit, Prozesse anzupassen, was mit Lösungen bis hin zu Workarounds und eben IDV geschieht. Wenn dagegen Entscheidungen über entsprechend große Auswirkungen überlegt und abgestimmt erfolgen, lassen sich Risiken vermeiden.

Eine gleiche Analyse sollte erfolgen, um sich einen Überblick zu verschaffen, wie die Mitarbeiter des Instituts ihre Aufgaben bewältigen: tun sie das schematisch, proportional oder innovativ. Bei einem schematischen Vorgehen werden die Aufgaben vorschriftsgemäß erfüllt. Sie werden nicht hinterfragt, es besteht aber auch kein eigener Antrieb, den Prozess zu verbessern. Es kann zu Leerlauf kommen, im Gegensatz zu einem proportionalen Verhalten, bei dem die Mitarbeiter ihre Geschwindigkeit den Erfordernissen anpassen, wie sie auch Arbeiten anderer übernehmen, um das Prozessziel zu erreichen. Ganz im Gegensatz dazu handeln

Mitarbeiter, die ihre Aufgaben innovativ bewältigen. Sie tun das, in dem sie neue Wege gehen, um den Arbeitsvorgang schneller, einfacher oder sicherer zu erledigen. Sie würden zur Verbesserung des Prozesses auch Programmunterstützung anfordern oder im Bedarfsfall selbst in Angriff nehmen.

Eine andere Frage, die zu klären ist, betrifft die Frage nach der Nachhaltigkeit in Bezug auf das Personal. Beispielsweise sind Gründe für eine anormale Fluktuation zu klären, denn diese kann erhöht auch immer wieder einen Brain-Drain bedeuten, eine niedrige aber eben auch Stillstand. Auch persönliche Präferenzen von Entscheidungsträgern können für die Mitarbeiter herausfordernd und zielführend sein, aber auch belastend und hemmend. Präferenzen von Entscheidungs- und Führungskräften zeigen sich im Führungsverhalten und dadurch in der Art und Weise, wie in einem Arbeitsbereich Probleme gelöst werden. Präferenzen können aber auch allgemeiner Art bestehen: im Wunsch an Altem festzuhalten oder im Gegensatz dazu, innovativer und effizienter zu werden. Präferenzen können aber auch konkret im Rahmen der Software herrschen. So kann es Bevorzugungen geben für die bestehende Software aber auch für andere. Sollten Defizite bei der bestehenden Software bestehen und eine Offenheit zu schnellen Eigenlösungen, so ist die Wahrscheinlichkeit von IDV hoch.

Bei der Software ist es allgemein wichtig einen Überblick zu haben, inwieweit die IT-Architektur und die Software-Landschaft für das kommende Geschäft oder Zielbild des Instituts überhaupt geeignet ist und an welchen Stellen Ressourcen innerhalb welches Zeitrahmens aufgebracht werden müssen. Für einige andere Aspekte sollten ebenso Informationen vorliegen.

Hardware Die Grundlage von allen technischen Anwendungen ist die Hardware. Daher ist es wichtig, neben Kenntnissen zu ihrem Alter und technischen Stand auch Informationen zu aktuellen oder potenziellen Problemen zu haben. Es ist wichtig zu wissen, inwieweit die vorhandene Hardware skalierbar ist für zukünftige, größere Anforderungen, aber auch, inwieweit sie adaptierbar für neue Anforderungen ist und damit in der Lage, Teil einer IT-Architektur zu werden, die sich schneller als in der Vergangenheit ändert.

Software Alle Programme müssen für den Geschäftszweck nützlich sein. Dazu müssen sie neben den funktionalen Gegebenheiten entsprechend transparent sein, indem es z. B. angepasste, lösungsorientierte Handbücher gibt. Sie muss im Rahmen des Datenmanagements, aber auch des Benutzermanagements überwacht werden können. Das Lizenzmanagement kann wertvolle Hinweise liefern über fehlende Funktionen oder Funktionen, die im Sinne eines sparsamen Umgangs mit Ressourcen gekündigt werden könnten. Grundlegende Eigenschaften wir

die für die Software verwendete Programmiersprache oder der verwendete ISO/
IEC-Standard (ISO/IEC 27000 family – Information security management systems) können Auskunft über ihre Zukunftsfähigkeit liefern. Je starrer eine Software ist, desto höher ist die Wahrscheinlichkeit, dass spätestens dann IDV geschaffen werden muss, wenn sich die Vorgaben oder die Umgebung ändern.

Schnittstellen und Medienbrüche Noch arbeitet nicht jede Software – auch die neueren Datums nicht – nach dem no-touch-Prinzip (auch zero-touch-Prinzip). Beim no-touch-Prinzip sollen Daten nicht mehr manuell bearbeitet werden, sondern der Verarbeitungsprozess soll automatisch erfolgen. Daher ist es notwendig, alle Schnittstellen und Medienbrüche zu kennen und über belastbare Prozesse für sie zu verfügen, wenn sie nicht ohnehin innerhalb eines gewissen Zeithorizonts abgeschafft werden können. Unzureichende Verbindungen technischer Art oder ausufernde Prozesse aufgrund dieser Unzulänglichkeiten führen oft zu Personal Computing bis hin zu IDV.

Prozesse Um IDV identifizieren zu können, sind Prozess-Übersichten und Arbeitsrichtlinien hilfreich, sofern sie den aktuellen Stand beschreiben. Sie zeigen, wie im Normalfall, aber auch im nicht standardisierten oder gar im Krisenfall, mit Aufgaben umgegangen wird. Daraus lassen sich häufig notwendige IDV-Lösungen ablesen.

Anforderungen im Haus IDV hat einerseits Ursachen, aber ihr Einsatz soll andererseits auch zu einem Ziel führen. Die Ursache kann ein Problem sein, das Ziel eine Optimierung oder die Erreichung einer Vorgabe. Die Anforderungen und Wünsche an IDV zu kennen ist hilfreich, um auch die Schwachstellen zu erkennen und vorhandene bzw. zukünftig notwendige IDV besser steuern zu können.

Wenn im Risiko-Bereich z. B. Anforderungen an das Reporting bestehen, die mit der vorhandenen Software nicht umgesetzt werden können, wird hier schnell auf Eigenlösungen zurückgegriffen werden müssen. So gibt es unterschiedliche Vorlieben von Empfängern umfangreicher Reportings, die sich im Wunsch nach Zahlen, Text oder graphischen Elementen unterscheiden. Nicht jede Software ist in der Lage, all diese Auswertungen in der gewünschten Form zur Verfügung zu stellen. Das heißt, dass ab einem bestimmten Punkt eine manuelle Aufbereitung erfolgen muss, die mit der Zeit durch technische Unterstützung zu einer IDV-Lösung wird.

Benchmarking Das Ergebnis aus einer derartigen Benchmark-Analyse kann eine Reihe von wichtigen Erkenntnissen in Bezug auf die eigene Effizienz bieten. Die Frage, wie andere Nutzer der Software ihre Prozesse ausgelegt haben, was die Kosten für die verwendete oder eine andere Software ist, Fragen der Leistung und der Geschwindigkeit können helfen, Entscheidungen über eine Verbesserung bis hin zu einer Aufgabe der Software mit Fakten zu unterlegen.

Blick zurück Für die Ist-Analyse ist der Blick nach vorn wichtig, um Ziel und Möglichkeiten zur Zielerreichung in Einklang zu bekommen. Ebenso wichtig ist aber auch der ehrliche Blick in die Vergangenheit. So mag es Defizite in der bisherigen Umsetzung gegeben haben, was sich in den Prüfberichten zeigt. Reklamation – seien sie intern oder extern – können Auskunft über schwache Prozesse oder auch neue Anforderungen geben. Krisen, Probleme oder allgemeine Anpassungen in der Vergangenheit können Aufschluss geben, wie damit umgegangen wurde, bezogen auf den finanziellen, aber auch zeitlichen Rahmen. Es ist wichtig, ungelöste Aufgaben zu diskutieren und notwendige, aber fehlende Verbesserungsmöglichkeiten aufzuzeigen, wenn sie schon in der Vergangenheit nur unzulänglich verbessert werden konnten, um über die Ursachen auch zukünftige Probleme einschätzen zu können.

5.2 Umsetzung der Strategie, des Soll-Zustandes

Nach der Frage nach dem Ist-Zustand ist der Soll-Zustand zu klären. Er kann weitgehend identisch sein mit dem Status quo und damit einen mehr oder weniger guten Umsetzungsgrad besitzen. Zur Überwindung der Diskrepanz stellt sich die Frage, was genau angepasst werden muss: die vorhandene Software, deren IDV oder die Prozesse.

Zielbild des Geschäftsmodells Das Geschäftsmodell eines Instituts beschreibt sich durch die Strategie. Diese gibt u. a. Auskünfte darüber, welche Produkte angeboten und welche Dienstleistungen erbracht werden sollen. Daraus ergeben sich Implikationen für die zu verwendende Software und deren Verfügbarkeit. So müssen Systeme im Bereich Zahlungsverkehr eine Hochverfügbarkeit besitzen, während diese an anderen Stellen weniger notwendig sein kann. Im Zielbild können Angaben gemacht werden über den möglichen finanziellen Aufwand, Auslagerungspartner und zu verwendende Hard- und Software. Das Zielbild wird heruntergebrochen auf konkrete Aufgaben und deren notwendige Maßnahmen zur Bewältigung. Das sind die Voraussetzungen für einen späteren Abgleich, der in den Fachabteilungen durchgeführt wird.

Abweichungsanalyse Die Analyse der Abweichungen klärt im Detail solche Defizite und Mängel, die bereits bestehen oder bei einer Umsetzung der Vorgaben entstehen könnten.

Ideale Herangehensweise zur Umsetzung Die in der Abweichungsanalyse identifizierten Defizite bedingen eine Anpassung. Sofern die Vorgaben nicht geändert werden, kann also nur die Umsetzung des Zielbildes geändert werden. Dazu sind möglicherweise neue oder veränderte Prozesse notwendig oder entsprechende Anpassungen der Software-Lösungen. Dazu gibt es die folgenden Lösungen.

- **Anpassen:** Software kann dazu modifiziert werden, indem vorhandene Funktionen besser justiert werden oder aber auch Anpassungen an der Software selbst vorgenommen werden.
- **Erweitern:** Kapazitätsausweitungen, aber auch neue Produkte oder Anforderungen können eine Lizensierung oder weiterführende Aktionen bis hin zur Schaffung zusätzlicher Module notwendig machen.
- **Kaufen:** Wenn neue Aufgaben zu lösen sind, für die noch keine oder nur eine unzureichende technische Unterstützung zur Verfügung steht, so muss ein Kauf neuer oder entsprechend höherwertiger Software erwogen werden.
- **Machen:** Inwieweit Softwarelösungen im Markt bestehen ist Teil der Analyse vor einem Kauf. Bestehen hierzu keine Angebote oder Restriktionen aufseiten des Instituts (Budget, Personal, Zeit) so kann eine Eigenentwicklung (IDV) vorgezogen werden.
- **Auslagern:** Die Aufgabe oder den Prozess auszulagern kann eine Lösung für das jeweilige Problem sein, bedingt aber im Vorfeld Aufwand, wenn Angebote eingeholt werden müssen oder eine Bewertung des Auslagerungspartners erfolgen muss. Das reicht bis hin zu einer laufenden Überwachung der Leistungserbringung und des Partners.
- **Aufgeben:** Wenn Aufgaben, Leistungen oder Dienstleistungen nicht mehr in der Form, Menge oder Qualität erfolgen müssen oder Software durch andere ersetzt oder in anderer vorhandener Software erbracht werden kann, so kommt eine gänzliche Aufgabe der bisherigen Software oder aber auch der bisherigen IDV-Lösung infrage.

5.3   Umsetzung der regulatorischen Anforderungen, des Muss-Zustandes

Neben dem Soll-Zustand, der sich eher an den Wünschen des Instituts ausrichtet, gibt es Vorgaben, die alle Institute, erbringen müssen. Im quantitativen Bereich (Kennzahlen- und Puffervorgaben) sind sie grundsätzlich für alle Institute gleich, unterscheiden sich aber durch ihre jeweilige Limitierung. Im qualitativen Bereich dagegen sind sie proportional und sollen risikoangepasst umgesetzt werden. Die Rundschreiben zu BAIT und MaRisk nennen zwar keine konkreten Programme im Bankbetrieb oder gar Softwareanbieter. Hier werden aber einige der kritischen Maßnahmen hervorgehoben.

Aus den Vorgaben in den BAIT ergeben sich immerhin Restriktionen bei der für IDV genutzten Software. So wird im Wirtschaftsbereich an vielen Stellen mit Excel oder anderen Tabellenkalkulationsprogrammen gearbeitet. Derartige Programme bieten die Möglichkeit, Berechnungen mit Daten durchzuführen, die der Benutzer selbstständig eingeben, verformeln und ausgeben kann. Zur Unterstützung stehen Tools wie VBA zur Verfügung, mit deren Hilfe sich Daten automatisiert berechnen, aber auch verändern lassen. Hier ist die Gefahr von Formelfehlern usw. sehr hoch. Dadurch, dass Excel kein 4-Augenprinzip kennt, ist besonders die Gefahr unentdeckter Fehler groß. Diese können zu Fehlentscheidungen führen und damit je nach Auswirkung zu entsprechend großen Schäden bei ihrer Nicht-Aufdeckung führen. Die Nutzung derartiger Programme ist nicht verboten, allerdings müssen entsprechende Sicherungsmaßnahmen ergriffen werden, die sich in vielen dieser Standardanwendungen im Office-Bereich nicht darstellen lassen, weil die dazu nötigen Voraussetzungen und Tools im Programm fehlen. Lässt sich die geforderte Umsetzung einer revisionssicheren Anwendung, z. B. durch ein Loggen der Tätigkeiten nicht darstellen, so ist das Programm für eine Bearbeitung entsprechend sensibler Daten nicht geeignet und es muss eine andere Lösung gefunden werden, die ein höheres Maß an Transparenz und Vereinfachung bietet.

BAIT und MaRisk sehen aber noch ganz andere, konkrete Aufgaben vor, die den Muss-Zustand bestimmen: Auslagerungen, Datensicherheit, Benutzerberechtigungen usw.

Rollen Funktionen, die durch Rollen wahrgenommen werden, müssen so getrennt werden, dass sie konfliktfrei wahrgenommen werden können. So kennen die Rundschreiben zusätzlich zu der Trennung der Bank in Front- und Backoffice weitere Aufteilungen in Bereiche, wie IT und Fachbereiche, aber auch andere

Aufgabenbereiche wie Risikocontrolling, Compliance und Interne Revision. In der IT wiederum gibt es untergeordnete Bereiche wie die Anwendungsentwicklung, den IT-Betrieb und das Benutzerberechtigungsmanagement. Es gibt Rollen wie das Informationssicherheitsmanagement oder das Informationsrisikomanagement. Unternehmen kennen aber auch weitere personenbezogenen Rollen wie den Datenschutzbeauftragten, die bei IDV relevant sind. Alle Aufgabenträger oder Abteilungen müssen entsprechend ihrer Aufgaben in Entscheidungen oder Informationsflüsse mit einbezogen werden. Dazu müssen die entsprechenden Prozesse und Informationswege geschaffen und eingerichtet werden.

Daten Die MaRisk machen in AT 4.3.4 Datenmanagement, Datenqualität, und Aggregation von Risikodaten Vorgaben, wie mit Daten umgegangen werden soll. Diese Anforderungen beziehen sich bisher nur auf systemrelevante Institute (analog zu den BCBS 239), allerdings kann eine frühzeitige Umsetzung auch bei nicht systemrelevanten Institute hilfreich sein, insbesondere dann, da anzunehmen ist, dass diese Regelungen in absehbarer Zukunft für alle Institute gelten werden. Ein mögliches Ziel kann dabei das no-touch-Prinzip sein, auch wenn es in Reinform dann noch nicht umgesetzt wird. Der Vorteil der frühen Einführung ist eine spätere schnelle Adaption der Vorgaben, aber auch eine zwischenzeitliche Verbesserung der Prozesse und eine höhere Sicherheit im Geschäftsbetrieb.

Prozesse Eine konsequente Umsetzung der Vorgaben bedeutet auch eine angepasste Umsetzung der Test- und Freigabeverfahren. Hier kann ein zusätzlicher Aufwand entstehen, wenn diese in der Vergangenheit nicht ausreichend oder zumindest nicht genügend nachvollziehbar dokumentiert durchgeführt wurden.

Einer der Prozesse ist die Schutzbedarfsanalyse, bei der die Trennung der Datenbestände in kritisch und unkritisch erfolgt, wobei bestimmte Kriterien eine Rolle spielen. Diese sind

- ihre jeweilige Nutzung in den Kernprozessen,
- ihre Relevanz für Entscheidungen oder die Überwachung aber auch
- wie häufig sie genutzt werden und
- wie komplex ihre Erfassung, Aufbereitung oder allgemeine Komplexität ist, wenn ihnen Berechnungen vorgeschaltet sind.

Andere Prozesse haben eine hohe Priorität bei der erfolgreichen Erhöhung der Datensicherheit, so etwa die Erfassung und Speicherung von Dateiversionen, das Vorhandensein und die Auswertung von Audit-Trails und das Genehmigungsverfahren für IDV-Änderungen.

Governance/Dokumente Schriftliche Unterlagen – seien sie ausgedruckt oder digital und online, seien sie HTML-basiert oder im Fließtext – stellen eine wichtige Informationsquelle da, helfen aber auch frühere Fehler zukünftig zu vermeiden. Dazu ist es notwendig, ausreichend detailtiefe, erfassbare und aktuelle Unterlagen zu haben. Namentlich sind das in den BAIT für den Bereich der IDV die IT-Strategie (Tz. 2), Programmierrichtlinien (Tz. 36), Versionierung des Quellcodes (Tz. 40), IDV-Register (Tz. 44) und ähnliches.

Verfügbarkeit Ein häufiger Schwachpunkt bei IDV ist, dass oft keine entsprechenden Sicherungsmaßnahmen (Benutzerberechtigung, Versionierung, automatische Datensicherung usw.) ergriffen werden. Da IDV, wie der Name schon sagt, individuell ist, heißt das, dass die Personen, die sich mit der Sicherung von Daten und Programmen beschäftigen, oft von weiteren relevanten und sensiblen Komponenten nicht in Kenntnis gesetzt wurden. Eine Aufnahme der IDV-Anwendung in die entsprechenden Prozesse im Rahmen der Business Continuity ist allerdings notwendig, um einem ausreichenden Schutz im Krisen- oder Störungsfall bieten zu können. Entsprechende Transparenz vorausgesetzt sind entsprechende Analysen wie eine Business Impact Analyse, eine Aufnahme in die Pläne des Business Continuity Plans oder des Desaster Recovery Plans und die jeweiligen Wiederherstellungsverfahren notwendig. Dabei sind Schnittstellen zu externen Beteiligten wie Zulieferern oder möglichen Auslagerungspartnern zu beachten.

5.4 Probleme und Mängel bei der Umsetzung in der Praxis

Die Umsetzung insbesondere der regulatorischen Vorgaben erfolgt mithilfe einer Reihe von Einschätzungen. So wird die Kritikalität anhand von Experteneinschätzungen vorgenommen. Die Planung und die Vorgaben über das zukünftige Geschäft geschehen anhand von Annahmen über die notwendigen Schritte in der Zukunft. All diese Annahmen können falsch sein, wenn sich die Realität anders entwickelt als die Annahmen und damit andere Herangehensweisen spontan und akut notwendig werden. Bezieht man sich aber allein nur auf die Probleme, die im normalen Alltag eines Instituts entstehen können, so gibt es verschiedene Felder, die insbesondere bei Prüfungen immer wieder auffällig werden.

Vollständigkeit Unter dieser Überschrift können verschiedene Defizite zusammengefasst werden. Einerseits könnte die IDV im Unternehmen nicht vollständig erfasst sein. Andererseits können auch in Fehlerlisten oder Reklamationslisten nicht alle

Abweichungen tatsächlich aufgeführt werden. Es kann hierfür verschiedene Gründe geben, deren Ursprung in Defiziten in der Risikokultur liegen. So kann das Aufzeigen von Fehlern und Unzulänglichkeiten zu Folgen und Restriktionen für den einzelnen Whistle-Blower führen, weswegen hier lieber im Verborgenen eine Lösung gesucht wird, statt eine möglicherweise idealere gemeinsam mit Kollegen und Vorgesetzten zu finden.

Neben solchen Defiziten kann es andere geben, die sich direkt aus der Erfassung der IDV ergeben. Die Abgrenzung zwischen Standardsoftware und solcher mit entsprechender individueller Anpassung kann schwierig sein. Wenn hier bei der Erfassung Unklarheiten bestehen, könnten bestimmte Workarounds außer Acht gelassen werden.

Ebenso kann die Aufnahme von manuellen Datenauswertungen unterbleiben. Es handelt sich nicht um IDV, sondern um einen Medienbruch, der eher bei den Schnittstellen erfasst werden sollte. Ebenso ist die Abgrenzung zu toolbasierten Programmierungen schwierig und kann zu Fehlinterpretationen führen. Nur wenn klar ist, was der Hintergrund der Aufnahme ist, und der einzelne Mitarbeiter angstfrei mitarbeiten kann, wird die vollständige Erfassung der IDV erfolgreich sein. Ängste könnten sein, dass rationalisiert wird und der eigene Arbeitsplatz entfällt, aber auch, dass eigenes Wissen offenbart werden muss und damit der Wissensvorsprung, der einen sicheren Arbeitsplatz zur Folge hat, schwindet.

Prozesse Die Reaktionsgeschwindigkeit beim Anpassungs- und Entwicklungsbedarf kann im Institut sehr langsam sein. Einerseits gilt das bezogen auf die Standardsoftware, was zu Problemen in den Fachbereichen führt, die dann durch Improvisation gelöst werden müssen, aber auch bei der IDV wiederum selbst. Wenn am Ende der Workaround einen Workaround braucht, wird die individuelle Anwendung immer komplexer und damit störungsanfälliger. Sie verliert außerdem immer mehr den Vorteil, den sie hatte – eine schnelle, kleine Lösung für ein Problem zu sein – indem sie mehr und mehr selbst zu einem Problem wird.

Fehlende Tests beim Start oder bei Änderungen, eine fehlende Einbindung in das Notfallmanagement oder ein fehlendes oder unzureichendes Störungsmanagement können die Anfälligkeit des Instituts bei Krisen erhöhen, zu Ausfällen und damit zu Verlusten führen.

Dokumentation Sämtliche schriftlichen Elemente der erfolgreichen Umsetzung einer Software könnten entweder überhaupt nicht vorhanden, nicht ausreichend, falsch oder in anderer Weise unzulänglich sein. So können Produktdokumentationen fehlen oder sich auf andere Versionen beziehen. Sie könnten außerdem ungeeignet sein, da sie in einer Fremdsprache abgefasst sind oder zu umfangreich, um durch die Beteiligten erfasst werden zu können.

Neben den Defiziten innerhalb der Dokumente kann es Defizite geben, wenn die Arbeitsrichtlinien und Prozesse nicht widerspruchsfrei sind, insbesondere untereinander aber auch bei der Umsetzung der Vorgaben der jeweiligen Strategie des Instituts.

Überwachung Eine Überwachung auf Ebene der IDV selbst kann fehlen, sei sie inhaltlich oder aber auch in Bezug auf ihre Ergebnisse. So könnten Vier-Augen-Prinzipe fehlen, aber auch Versionierungen oder andere Schutzmaßnahmen, die das Risiko senken und die Transparenz erhöhen. Das Fehlen einer revisions-sicheren Dokumentation, insbesondere bei kritischen Prozessen und Daten-beständen mit einem hohen Schutzbedarf, ist extrem kritisch.

Allerdings ist anzumerken, dass derartige Sicherungsmaßnahmen nicht bei allen Eigenentwicklungen oder auch übernommener Software zwingend vor-handen sind. Sie stellen bei der Programmierung einen zusätzlichen Aufwand dar, der aus Kostengründen und Gründen der Schnelligkeit ausbleiben kann. Ein nach-trägliches Implementieren derartiger Sicherungsmaßnahmen wird zu keiner spür-baren Verbesserung der Ergebnisse oder des Prozesses führen, im Gegenteil: Es kann zu zusätzlich notwendigen Schritten kommen. So steht damit in Hinblick auf die Ergebnisse, die das Tool liefern soll, den zusätzlichen Kosten für eine Verbesserung und damit Senkung des Risikos messbare Kosten kein messbarer Ertrag gegenüber, weswegen diese Verbesserungen oft vermieden werden.

Human Ressources IDV kann ein Ausdruck von Defiziten sein, aber aufseiten der Beteiligten auch ein Ausdruck von Können, Kreativität und Innovations-streben. Das Talent, Lösungen durch IDV zu lösen kann für das damit gelöste Problem zielführend sein, allerdings könnte der Mitarbeiter in einem anderen Bereich u. U. viel besser beschäftigt sein. Mit dem Wechsel könnte die IDV mit Unterstützung der IT zugunsten einer anderen Lösung vermieden werden und der Mitarbeiter effizienter eingesetzt werden.

Die Personalführung muss also Rücksicht nehmen auf die Defizite in den Pro-zessen, die technisch bedingt sind, aber auch auf Chancen und Risiken aus dem Zutun der Mitarbeiter im eigenen Bereich, wie denen aus anderen Bereichen. Dazu muss ein brauchbares Umfeld sowie eine entsprechende Dialog- und Risikokultur geschaffen werden.

Wenn sich personalbezogene Probleme nicht lösen lassen, ist es Aufgabe der Organisation und insbesondere der Personalabteilung, auf Anpassungen hinzuwirken und entsprechende Vorschläge zu machen. Diese können bei

Unterbesetzung im Bereich der Erhöhung des Personalbestandes liegen, die Personalentwicklung durch Fort- und Weiterbildung betreffen, aber auch den Bereich der Personalveränderung, etwa mit Entlassung von Minderleistern oder der Anpassung der Ressourcen an verminderten Arbeitsaufwand. Letzteres kann Krankheitsbildern wie dem Bore-Out vorbeugen helfen. Mitarbeiter, die nicht in der Lage sind Veränderungen mit voran zu treiben oder die sich gegen Entwicklungen sperren, können nicht nur hinderlich ein für die Weiterentwicklung der Organisation, sondern sie können deren Entwicklung boykottieren und in das Gegenteil wenden. Daher ist der Dialog miteinander wichtig, um dem Mitarbeiter die Vorgaben zu vermitteln, aber auch mangelnde Bereitschaft zur Veränderung erkennen zu können. Dieser Mangel kann im mangelnden Bewusstsein der Notwendigkeit einer Veränderung im Institut begründet sein. Der Mangel kann aber auch Ausdruck von Frust darüber sein, nicht an der Entscheidung beteiligt gewesen zu sein oder nicht ausreichend geschätzt zu werden. All das kann den Erfolg der Anpassung infrage stellen oder hinauszögern. Sollte es am Ende zu zeitlichen Problemen bei der Umsetzung kommen, kann es sein, dass IDV angewendet wird, statt einer plangemäßen Umsetzung des Projektes, womit das eigentliche Projektziel nicht erreicht wird.

Budget und Zeit Unrealistische Annahmen in Bezug auf notwendige Mittel für die Software, deren Umsetzung, aber auch für Zusatzkräfte können Projektziele infrage stellen und der Improvisation Vorschub leisten, die gerade durch standardisierte Projekte überwunden werden sollte. So kann auch die finanzielle Fehlplanung ein schwerer Mangel bei der Umsetzung sein.

5.5 Methoden für einen Weg aus der IDV

Wenn zu Projektbeginn als Ziel beschrieben ist, inwieweit die IDV abgeschafft werden soll, und was die alternative Lösung zur Erreichung der bisherigen Ziele, die durch die IDV erreicht wurden, beinhaltet, dann können die Einzelschritte festgelegt werden. Im Einzelnen kommt es nicht auf die jeweilige Art des Projektmanagements an. Diese ist bedingt durch entsprechende Vorgaben, Erfahrung oder sonstige Gegebenheiten, wie Art und Umfang des notwendigen Programmieraufwands oder inwieweit alle Projektbeteiligten dauerhaft verfügbar sind (Zeitzonen, Homeoffice, andere Verpflichtungen, Mehraufwand bei den Beteiligten aus den Fachbereichen). Wie bei jedem Projekt, das Beteiligte mit weiteren Aufgaben hat, die Priorität haben, kann es zu Verzögerungen oder anderen ungeahnten Problemen kommen. Betrachtet man die Ausgestaltung der IDV, das damit gelöste Problem, das Umfeld und die beteiligten Personen, dann zeigt sich, das hohe Maß an Individualität bei IDV. Es kann also nie vorab eine Ideallösung geben.

Notwendigkeit Die Notwendigkeit, die IDV in Angriff zu nehmen, muss allen Beteiligten klar sein. Bei der Begründung kann es um die notwendigen Umsetzungen der regulatorischen Vorgaben gehen, aber auch bei bisher unvermcidbarer IDV um neue Strategievorhaben des Unternehmens. Durch das erneute Aufrollen der IDV können mehr Transparenz geschaffen, die Komplexität verringert und auch Fehler eliminiert werden.

Vorbereitung Wenn bei den direkt Beteiligten, aber auch bei den indirekt Betroffenen, ein entsprechender Umsetzungswille vorhanden ist, müssen weitere Voraussetzungen geschaffen werden. So muss das Vorgehen in Abstimmung mit der Strategie erfolgen, es müssen Zeit, Knowhow und Budget vorhanden sein.

Es muss zudem die Chance zu Kommunikation und Dialog geben, um eine enge Zusammenarbeit der Beteiligten zu ermöglichen. Das Projekt muss einen Vorgehensplan haben, der auch klare Meilensteine und einen Zeitrahmen vorgibt.

Way out Die Phase von Analyse der IDV bis zur Livestellung von neuen Lösungen stellt eine Phase des Übergangs dar. Diese ist entsprechend zu regeln, wie auch der Parallelbetrieb zu organisieren ist. Dazu muss die Frage geklärt werden, wie bei einem positiven Abschluss der Übergang erfolgen soll. Die Integration in die vorhandene Infrastruktur und damit die Übergabe an die IT, bzw. die Arbeitsaufnahme mit der neuen Software kann sukzessive Step-by-Step erfolgen oder an einem Stichtag mit einem Big-Bang.

Ein Scheitern des Projektes ist immer möglich. Wenn hier eine entsprechende Kommunikations- und Risikokultur herrscht, lassen sich die Auswirkungen begrenzen.

Zusammenfassung, Fazit, Ausblick 6

Die Regulatoren möchten die Finanzbranche sicherer machen. Zu den dafür relevanten Faktoren gehören die operationellen Risiken. Die technische Ausstattung der Banken ist die Basis für deren Geschäftsabwicklung. Je stabiler, sicherer und zuverlässig sie ist, desto größer ist die Sicherheit eines Instituts. Software spielt dabei eine wichtige Rolle. Durch die Verschiedenheit der Geschäftsmodelle der Banken kommen unterschiedliche Software-Lösungen zum Einsatz. Diese sind unterschiedlich vernetzt und unterschiedlich gut einsetzbar. Defizite werden oft durch Eigenlösung der Institute und bis hinunter auf Sachbearbeiter-Ebene auch durch Eigenentwicklungen ausgeglichen.

Diese IDV ist per se schlecht nicht, denn sie hat meist einen Grund und damit ihre Berechtigung. Oft ist sie der einzige Weg und die einzige Lösung für ein konkret bestehendes Problem. Allerdings ist sie oft nicht dokumentiert und kontrolliert im Einsatz. Die notwendige Überwachung der IDV dient der zusätzlichen Sicherheit und damit dem Senken der operationellen Risiken. IDV ist oft der Ausdruck von Problemen an anderer Stelle oder in der Vergangenheit. Daher sollte auch das Problem an sich in Angriff genommen werden, wenn IDV verbessert oder abgeschafft werden soll. Das Eliminieren von IDV stellt eine Herausforderung für alle Beteiligten dar. Somit ist das Ablösen durch ein Projekt häufig ein sinnvolles Vorgehen.

Durch die Aufsicht wird Transparenz gefordert. Diese Transparenz hat aber auch Vorteile für das Institut selbst. Nicht alle Regelungen der EZB, der MaRisk und der BAIT gelten für alle Banken, sie gelten auch nicht für alle Banken gleich, da die Umsetzung der Vorschriften zumindest für die durch die deutsche Aufsicht kontrollierten Institute, proportional erfolgen soll.

Die BAIT mit ihren Vorschriften zur IDV wurden in 2017 erstmalig ausgegeben. Die Aufsicht wird Erfahrung sammeln aus den Prüfungsberichten der

© Springer Fachmedien Wiesbaden GmbH, ein Teil von Springer Nature 2019
H. Biernat, *Individuelle Datenverarbeitung in Zeiten von Banking 4.0*, essentials,
https://doi.org/10.1007/978-3-658-25696-8_6

Institute und danach, wie schon bei den MaRisk, sukzessive ihre Anforderungen schärfen. Die notwendige Vereinheitlichung der Anforderungen an alle Institute auf die Anforderungen, die die EZB bereits jetzt stellt, wird einer der Anlässe sein. Regulatorische Anforderungen wie die BCBS 239 stellen heute schon hohe Anforderungen an die systemrelevanten Banken. Diese werden auf mittlere Frist das Ziel für alle sein. Damit wird es durch den Wegfall von Erleichterungsregelungen eine Vereinheitlichung geben, um mit dieser Verschärfung operationelle Risiken bei den Banken zu senken. Aber auch andere Vorgaben wie das BSI-Gesetz oder die Regeln zum Datenschutz werden immer wieder angepasst werden. Damit ergibt sich auch immer wieder neuer Handlungsbedarf für die Institute.

Zukünftige Krisen bei Instituten werden ebenso zu einer Verschärfung der Vorgaben beitragen. Diese Verschärfungen aus gegebenem Anlass werden dazu führen, dass die technischen Möglichkeiten durch die Software-Anbieter verbessert werden und Lösungen für neue Probleme gefunden werden. Dort, wo Banken diese Verbesserungen selbst nicht erreichen können, werden Start-ups eine Lösung bieten, so wie es bereits in verschiedenen Bereichen der Bankenprodukte geschieht.

Was Sie aus diesem *essential* mitnehmen können

- IDV kann mehr sein, als gedacht
- IDV hat einen guten Grund, warum sie existiert
- IDV sollte nicht nur wegen der regulatorischen Vorgaben kritisch betrachtet werden
- IDV wird sich nie in Gänze abschaffen lassen, es wird immer wieder neue Workarounds geben müssen. Nur ein strukturiertes Herangehen wird den Umgang mit ihr transparenter und sicherer machen

© Springer Fachmedien Wiesbaden GmbH, ein Teil von Springer Nature 2019 43
H. Biernat, *Individuelle Datenverarbeitung in Zeiten von Banking 4.0*, essentials,
https://doi.org/10.1007/978-3-658-25696-8

Literatur

Basel Committee on Banking Supervision. 2013. Principles for effective risk data aggregation and risk reporting, v. Januar 2013. https://www.bis.org/publ/bcbs239_de.pdf. Zugegriffen: 9. Sept. 2018.

Bundesanstalt für Finanzdienstleistungsaufsicht. 2017a. Rundschreiben 09/2017 (BA) – Mindestanforderungen an das Risikomanagement – MaRisk v. 27.10.2017. https://www.bafin.de/SharedDocs/Veroeffentlichungen/DE/Rundschreiben/2017/rs_1709_marisk_ba.html. Zugegriffen: 9. Sept. 2018.

Bundesanstalt für Finanzdienstleistungsaufsicht. 2017b. Rundschreiben 10/2017 (BA) – Bankaufsichtliche Anforderungen an die IT (BAIT) v. 6.11.2017. https://www.bafin.de/SharedDocs/Downloads/DE/Rundschreiben/dl_rs_1710_ba_BAIT.html. Zugegriffen: 9. Sept. 2018.

Bundesanstalt für Finanzdienstleistungsaufsicht. 2018. Fachartikel, IT-Sicherheit: Aufsicht konkretisiert Anforderungen an die Kreditwirtschaft v. 15.01.2018. https://www.bafin.de/SharedDocs/Veroeffentlichungen/DE/Fachartikel/2018/fa_bj_1801_BAIT.html. Zugegriffen: 4. Okt. 2018.

Bundesverband deutscher Banken. 2018. Statistik-Service des Bankenverbandes, Banken in Deutschland. https://bankenverband.de/statistik/banken-deutschland/. Zugegriffen: 9. Sept. 2018.

Bundeszentralamt für Steuern. 2015. Kontenabrufverfahren nach § 93 Abs. 7 bis 10 und § 93b der Abgabenordnung. https://www.bzst.de/DE/Steuern_National/Kontenabrufverfahren/kontenabrufverfahren_node.html. Zugegriffen: 9. Sept. 2018.

Deutsche Bundesbank. 2013. Anforderungen an individuelle Datenverarbeitung aus aufsichtsrechtlicher Sicht, Vortrag Jörg Bretz, Informationsveranstaltung: IT-Aufsicht bei Banken Bonn, 29.10.2013.

Europäisches Parlament und Rat. 2012. VERORDNUNG (EU) Nr. 575/2013 über Aufsichtsanforderungen an Kreditinstitute und Wertpapierfirmen und zur Änderung der Verordnung (EU) Nr. 646/2012. https://eur-lex.europa.eu/legal-content/DE/TXT/HTML/?uri=CELEX:32013R0575&from=DE. Zugegriffen: 9. Sept. 2018.

© Springer Fachmedien Wiesbaden GmbH, ein Teil von Springer Nature 2019   45
H. Biernat, *Individuelle Datenverarbeitung in Zeiten von Banking 4.0*, essentials,
https://doi.org/10.1007/978-3-658-25696-8

Europäisches Parlament und Rat. 2016. VERORDNUNG (EU) 2016/679 zum Schutz natürlicher Personen bei der Verarbeitung personenbezogener Daten, zum freien Datenverkehr und zur Aufhebung der Richtlinie 95/46/EG (Datenschutz-Grundverordnung). https://eur-lex.europa.eu/legal-content/DE/TXT/PDF/?uri=CELEX:32016R0679&from=DE. Zugegriffen: 9. Sept. 2018.

Europäische Zentralbank. 2016. Was ist der SREP? v. 16.06.2016. https://www.bankingsupervision.europa.eu/about/ssmexplained/html/srep.de.html. Zugegriffen: 9. Sept. 2018.

Europäische Zentralbank. 2018. EZB leitet öffentliches Konsultationsverfahren zu den Oversight-Erwartungen zur Cyber-Resilienz von Finanzmarktinfrastrukturen ein (Cyber resilience oversight expectations for financial market infrastructures) Pressemitteiliung v. 10.04.2018. https://www.ecb.europa.eu/press/pr/date/2018/html/ecb.pr181203_1.en.html. Zugegriffen: 9. Sept. 2018.

Kozlova, Elizaveta. 2011. *Governance der individuellen Datenverarbeitung, Wertorientierte und risikobewusste Steuerung der IDV-Anwendungen in Kreditinstituten.* Wiesbaden: Springer Vieweg.